DR. OETKER

WEIHNACHTLICHES
BACKEN

Plätzchen, Konfekt
und festliche
Torten

 CERES

Sie mögen das ganze Jahr hindurch ein Backmuffel sein, doch in der Adventszeit werden Sie – wie viele andere – von einem geheimnisvollen Backtrieb erfaßt. Selbst der trübste Wintertag wird schön und gemütlich, wenn der Duft von Zimt, Vanille und Ingwer durch die Wohnung zieht. Und endlich kehren Ruhe und Behaglichkeit in das vorweihnachtliche, hektische Treiben ein.

Folgen Sie uns in die märchenhafte Welt der Backstube, wo viele altbekannte Plätzchen auf Sie warten.

Aber auch neue köstliche Weihnachtsleckereien werden Sie begeistern. Geben Sie sich der kindlichen Lust am Rühren, Kneten, Formen und Rollen hin und bescheren Sie Familie und Freunden das allerschönste: traumhaft gutes Weihnachtsgebäck.

Inhaltsübersicht

Plätzchen

Figürliches Backen und Kleingebäck

Inhaltsübersicht

Kuchen und Torten

Konfekt

Ratgeber

Plätzchen

Apfel, Nuß und Mandel-
kern haben alle Kinder
gern. Die kleinen und die
großen!

Also gehören solche Lecke-
reien ganz selbstverständ-
lich in die betriebsame,
vorweihnachtliche Backstube, wo sich alt und jung er-
wartungsvoll zum Plätz-
chenbacken versammeln.
Wie herrlich, wenn es dort
nach Pfeffernüssen, Zimt-
sternen und Spekulatius
duftet, wenn sich erst die
Schüsseln, dann die Bleche
und schließlich die Plätz-
chendosen füllen mit all
den kleinen, feinen Mini-
Verführungen, die das
Warten aufs Christkind
versüßen sollen.

Dabei muß man gar nicht
so standhaft sein. Walnuß-
hörnchen und Marzipan-
monde, Spritzgebäck und
Sahnebrezeln schmecken
schon zum gemütlichen
Kaffeekränzchen unterm
Adventskranz.

Plätzchen

Haselnußmakronen
(Foto Seite 8/9)

2 Eiweiß	mit Handrührgerät mit Rührbesen auf höchster Stufe so steif schlagen, daß ein Messerschnitt sichtbar bleibt, nach und nach
100 g feinkörnigen Zucker **1 Messerspitze** **gemahlenen Zimt** **2 Tropfen Backöl** **Bittermandel**	unterrühren
100 g gehobelte **Haselnußkerne** **75 g gemahlene** **Haselnußkerne**	vorsichtig unter den Eischnee heben (nicht rühren) von dem Teig mit 2 Teelöffeln walnußgroße Häufchen auf ein mit Backpapier belegtes Backblech setzen
Ober-/Unterhitze	130–150 °C (vorgeheizt)
Heißluft	etwa 120 °C (nicht vorgeheizt)
Gas	Stufe 1–2 (nicht vorgeheizt)
Backzeit	20–25 Minuten.

Kokosmakronen
(Foto Seite 8/9)

100 g Kokosraspel	in einer Pfanne ohne Fett unter Wenden leicht bräunen, erkalten lassen
2 Eiweiß	steif schlagen, es muß so fest sein, daß ein Messerschnitt sichtbar bleibt, nach und nach
100 g Zucker **knapp 1 Messerspitze** **gemahlenen Zimt** **3 Tropfen Backöl** **Bittermandel**	unterschlagen, die Kokosraspel vorsichtig unter den Eischnee heben (nicht rühren) von dem Teig mit 2 Teelöffeln walnußgroße Häufchen auf ein mit Backpapier belegtes Backblech setzen
Ober-/Unterhitze	130–150 °C (vorgeheizt)
Heißluft	etwa 120 °C (nicht vorgeheizt)
Gas	Stufe 1–2 (nicht vorgeheizt)
Backzeit	20–25 Minuten.

Plätzchen

Nußsterne

	Für den Teig
150 g Weizenmehl	mit
1 Messerspitze	
Backin	mischen, in eine Rührschüssel sieben
150 g Zucker	
1 Päckchen	
Vanillin-Zucker	
150 g weiche Butter	
oder Margarine	
150 g gemahlene	
Haselnußkerne	hinzufügen

die Zutaten mit Handrührgerät mit Knethaken zunächst kurz auf niedrigster, dann auf höchster Stufe gut durcharbeiten, anschließend auf der Arbeitsfläche zu einem glatten Teig verkneten, sollte er kleben, ihn eine Zeitlang kalt stellen

den Teig dünn ausrollen, Sterne ausstechen, auf ein gefettetes Backblech legen

Ober-/Unterhitze	170–200 °C (vorgeheizt)
Heißluft	150–180 °C (nicht vorgeheizt)
Gas	Stufe 3–4 (vorgeheizt)
Backzeit	etwa 10 Minuten

die Hälfte der erkalteten Plätzchen mit

3 EL rotem Gelee bestreichen, die übrigen darauflegen.

Für den Guß

200 g Haselnußglasur nach Anleitung auflösen

die Plätzchen damit bestreichen

sofort mit

abgezogenen, halbierten Mandeln halbierten Haselnußkernen garnieren.

Tip Anstatt mit Haselnußglasur können die Nußsterne auch mit Kuvertüre bestrichen werden.

Plätzchen

Zimtsterne

3 Eiweiß	mit Handrührgerät mit Rührbesen auf höchster Stufe steif schlagen
250 g Puderzucker	sieben, nach und nach unterrühren zum Bestreichen der Sterne 2 gut gehäufte Eßlöffel Eischnee abnehmen
1 Päckchen Vanillin-Zucker	
3 Tropfen Backöl Bittermandel	
1 gestrichenen TL gemahlenen Zimt	und die Hälfte von
275–325 g nicht abgezogenen, gemahlenen Mandeln* oder gemahlenen Haselnußkernen*	vorsichtig auf niedrigster Stufe unter den übrigen Eischnee rühren von dem Rest der Mandeln (Haselnußkerne) so viel unterkneten, daß der Teig kaum noch klebt, ihn auf einer mit
Puderzucker	bestäubten Arbeitsfläche etwa ½ cm dick ausrollen, Sterne ausstechen, auf ein mit Backpapier belegtes Backblech legen, mit dem zurückgelassenen Eischnee bestreichen, der Guß muß so sein, daß er sich glatt auf die Sterne streichen läßt, evtl. einige Tropfen
Wasser	unterrühren
Ober-/Unterhitze	130–150 °C (vorgeheizt)
Heißluft	etwa 120 °C (nicht vorgeheizt)
Gas	Stufe 1–2 (nicht vorgeheizt)
Backzeit	20–30 Minuten das Gebäck muß sich beim Herausnehmen auf der Unterseite noch etwas weich anfühlen.
Tip	Die Zimtsterne am besten in Kartons aufbewahren.

* Die Menge der Mandeln oder Haselnußkerne hängt von der Größe der Eier ab.

Plätzchen

Plätzchen

Busserl

2 Eiweiß	mit Handrührgerät mit Rührbesen auf höchster Stufe steif schlagen, der Schnee muß so fest sein, daß ein Messerschnitt sichtbar bleibt, nach und nach
100 g feinkörnigen Zucker	unterschlagen
1 gestrichenen EL Kakao	sieben, mit
50 g Zartbitter-Schokolade, feingeschnitten	vorsichtig unterheben mit 2 Teelöffeln walnußgroße Häufchen auf ein mit Backpapier belegtes Backblech setzen
Ober-/Unterhitze	130–150 °C (vorgeheizt)
Heißluft	110–130 °C (nicht vorgeheizt)
Gas	Stufe 1–2 (vorgeheizt)
Backzeit	25–35 Minuten.

Weihnachtsküchlein

250 g Honig	mit
125 g Zucker	
1 Prise Salz	
65 g Butter	
65 g Schweineschmalz	
1 EL Milch	langsam erwärmen, zerlassen, in eine Rührschüssel geben, kalt stellen, unter die fast erkaltete Masse mit Handrührgerät mit Rührbesen auf höchster Stufe
5 Tropfen Backöl Zitrone	
1 gestrichenen TL gemahlenen Kardamom	
1 gestrichenen TL gemahlenen Zimt	rühren
500 g Weizenmehl	mit
3 gestrichenen TL Backin	mischen, sieben, ⅔ davon eßlöffelweise auf mittlerer Stufe unterrühren, den Rest des Mehls mit
30 g gemahlenen Haselnußkernen	auf der Arbeitsfläche unter den Teigbrei kneten, sollte er kleben, noch etwas Mehl hinzugeben,

Plätzchen

den Teig dünn ausrollen, zu rechteckigen oder runden Plätzchen ausstechen, auf ein gefettetes Backblech legen, dünn mit

Kondensmilch	bestreichen
Ober-/Unterhitze	170–200 °C (vorgeheizt)
Heißluft	150–180 °C (nicht vorgeheizt)
Gas	Stufe 3–4 (vorgeheizt)
Backzeit	etwa 10 Minuten.

Schokostäbchen

Für den Teig

1 Ei	
1 Eigelb	
125 g Zucker	
1 Päckchen Vanillin-Zucker	
1 Prise Salz	
1 gestrichenen TL Instant-Kaffee-Pulver	mit Handrührgerät mit Rührbesen auf höchster Stufe schaumig schlagen
60 g Zartbitter-Schokolade	in kleine Stücke brechen, in einem kleinen Topf im Wasserbad bei schwacher Hitze glattrühren, unter die Eiermasse rühren
200 g abgezogene, gemahlene Mandeln	mit
1 Messerspitze Backin	mischen, ⅔ davon auf mittlerer Stufe unterrühren, den Rest unterkneten, den Teig kalt stellen.

Für den Guß

1 Eiweiß	steif schlagen
60 g Puderzucker	sieben, eßlöffelweise unter den Schnee schlagen den Teig zu einem Rechteck (12 x 40 cm) ausrollen, die Teigplatte gleichmäßig mit dem Guß bestreichen, daraus Stäbchen (6 x 1 cm) schneiden, auf ein gefettetes Backblech legen
Ober-/Unterhitze	175–200 °C (vorgeheizt)
Heißluft	150–180 °C (nicht vorgeheizt)
Gas	Stufe 3–4 (vorgeheizt)
Backzeit	10–15 Minuten.

Plätzchen

Bunte Mandelkränzchen

	Für den Teig
200 g Margarine	mit Handrührgerät mit Rührbesen auf höchster Stufe geschmeidig rühren, nach und nach
100 g gesiebten Puderzucker	
1 Päckchen Vanillin-Zucker	
1 Beutel Rum-Aroma	
1 Messerspitze gemahlenen Ingwer	unterrühren, so lange rühren, bis eine gebundene Masse entstanden ist
1 Ei	unterrühren
200 g Weizenmehl	mit
1 Messerspitze Backin	mischen, sieben, eßlöffelweise auf mittlerer Stufe unterrühren, zuletzt
125 g abgezogene, gemahlene, leicht geröstete Mandeln	unterrühren
	Teig in kleinen Portionen in einen Spritzbeutel mit gezackter Tülle füllen, in Form von Kränzchen (∅ 5 cm) auf ein Backblech spritzen
Ober-/Unterhitze	170–200 °C (vorgeheizt)
Heißluft	150–180 °C (nicht vorgeheizt)
Gas	Stufe 3–4 (vorgeheizt)
Backzeit	etwa 12 Minuten.

	Zum Bestreichen
100 g weiße Kuvertüre	mit
50 g Kokosfett	in einem kleinen Topf im Wasserbad bei schwacher Hitze zu einer geschmeidigen Masse verrühren, die Kränzchen zur Hälfte damit bestreichen, nach Belieben mit
Liebesperlen	bestreuen oder mit
gemahlenen Pistazien	
aufgelöster dunkler Kuvertüre	verzieren.
Tip	Zur Abwechslung 15 g (3 gestrichene Eßlöffel) Kakao mit Weizenmehl und Backpulver mischen und unter-. rühren. Die Plätzchen werden dunkler und schmecken köstlich nach Schokolade.

Plätzchen

Pfeffernüsse mit Guß

Für den Teig

250 g Weizenmehl	mit
1½ gestrichenen TL Backin	mischen, in eine Rührschüssel sieben
160 g Zucker	
3 Tropfen Backöl Zitrone	
je 1 Messerspitze Ingwer, Kardamom, Nelken, weißen Pfeffer (alles gemahlen)	
1 gestrichenen EL gemahlenen Zimt	
1 Ei	
3 EL Milch oder Wasser	
50 g abgezogene, gemahlene Mandeln	
50 g gewürfeltes Zitronat (Sukkade)	hinzufügen

die Zutaten mit Handrührgerät mit Knethaken zunächst kurz auf niedrigster, dann auf höchster Stufe gut durcharbeiten, anschließend auf der Arbeitsfläche zu einem glatten Teig verkneten, sollte er kleben, noch etwas Mehl hinzugeben

den Teig gut 1 cm dick ausrollen, mit einer runden Form (∅ etwa 2½ cm) ausstechen, auf ein gefettetes Backblech legen

Ober-/Unterhitze	170–200 °C (vorgeheizt)
Heißluft	150–180 °C (nicht vorgeheizt)
Gas	Stufe 3–4 (vorgeheizt)
Backzeit	etwa 15 Minuten.

Für den Guß

400 g Puderzucker	sieben, mit
etwa 6 EL heißem Wasser	glattrühren, so daß eine dickflüssige Masse entsteht, die erkalteten Pfeffernüsse damit überziehen, sollten sie hart sein, sie einige Tage offen an der Luft stehen lassen, dann in gut schließenden Dosen aufbewahren.

Plätzchen

Butterplätzchen

250 g Butter	zerlassen, kalt stellen in das erkaltete, wieder etwas festgewordene Fett nach und nach eßlöffelweise
125 g gesiebten Puderzucker	
1 Päckchen Vanillin-Zucker	geben, so lange rühren, bis Butter und Zucker weißschaumig geworden sind, dann
300 g Weizenmehl	sieben, ⅔ davon eßlöffelweise unterrühren, wenn der Teig fester wird
1 EL Milch	hinzufügen den Rest des Mehls mit dem Teigbrei zu einem glatten Teig verkneten den Teig in kleinen Mengen dünn ausrollen, mit kleinen, beliebigen Formen ausstechen, auf ein Backblech legen
Ober-/Unterhitze	170–200 °C (vorgeheizt)
Heißluft	150–180 °C (nicht vorgeheizt)
Gas	Stufe 2–3 (vorgeheizt)
Backzeit	etwa 5 Minuten.
Tip	Den Teig vor dem Ausrollen eine Zeitlang kalt stellen, damit die Plätzchen mürber werden.

Gebäckstangen

	Für den Teig
250 g Margarine	mit Handrührgerät mit Rührbesen auf höchster Stufe geschmeidig rühren, nach und nach
125 g Zucker	
1 Päckchen Vanillin-Zucker	unterrühren, so lange rühren, bis eine gebundene Masse entstanden ist
1 Ei	unterrühren
175 g Weizenmehl	mit
175 g Speisestärke Gustin	mischen, sieben, eßlöffelweise auf mittlerer Stufe unterrühren, zuletzt
75 g abgezogene, gemahlene Mandeln	unterrühren, den Teig in einen Spritzbeutel (gezackte Tülle) füllen, 5 cm lange Streifen auf ein gefettetes Backblech spritzen

(Fortsetzung Seite 20)

Plätzchen

Ober-/Unterhitze	170–200 °C (vorgeheizt)
Heißluft	150–180 °C (nicht vorgeheizt)
Gas	Stufe 3–4 (vorgeheizt)
Backzeit	10–15 Minuten.

Für den Guß

etwas Kuvertüre in einem kleinen Topf im Wasserbad bei schwacher Hitze zu einer geschmeidigen Masse verrühren die erkalteten Stangen damit besprenkeln.

Marzipanmonde

200 g Marzipan-Rohmasse mit
75 g gesiebtem Puderzucker
150 g nicht abgezogenen, gemahlenen Mandeln
3 gestrichenen TL Speisestärke Gustin
1 Eiweiß
30 g feingewürfeltem Zitronat (Sukkade)
2 TL Orangen- oder Mandellikör
½ Fläschchen Backöl Zitrone mit Handrührgerät mit Knethaken zunächst kurz auf niedrigster, dann auf höchster Stufe gut verarbeiten die Masse auf der mit
Puderzucker bestäubten Arbeitsfläche knapp 1 cm dick ausrollen, Halbmonde ausstechen, auf ein mit Backpapier belegtes Backblech legen
Ober-/Unterhitze 170–200 °C (vorgeheizt)
Heißluft 150–180 °C (nicht vorgeheizt)
Gas Stufe 2–3 (vorgeheizt)
Backzeit 10–12 Minuten
(Plätzchen müssen sich noch feucht anfühlen) die erkalteten Plätzchen mit
Puderzucker bestäuben.

Plätzchen

Haferflockenplätzchen

75 g Butter	zerlassen
125 g grobe Haferflocken	unter Rühren leicht darin bräunen
	1 Eßlöffel von
75 g Zucker	kurz mitbräunen lassen, die Haferflocken kalt stellen
1 Ei	mit Handrührgerät mit Rührbesen in 1 Minute schaumig schlagen, nach und nach den Rest des Zuckers,
3–5 Tropfen Backöl Bittermandel	hinzugeben, noch etwa 2 Minuten schlagen
50 g Weizenmehl	mit
1 Messerspitze Backin	mischen, auf die Eicreme sieben, die erkalteten Haferflocken hinzufügen, kurz auf niedrigster Stufe unterrühren
	von dem Teig mit 2 Teelöffeln walnußgroße Häufchen auf ein gefettetes Backblech setzen
Ober-/Unterhitze	175–200 °C (vorgeheizt)
Heißluft	160–180 °C (nicht vorgeheizt)
Gas	Stufe 3–4 (vorgeheizt)
Backzeit	12–15 Minuten.

Baiser

4 Eiweiß	mit Handrührgerät mit Rührbesen auf höchster Stufe steif schlagen, so daß ein Messerschnitt sichtbar bleibt
200 g feinkörnigen Zucker	eßlöffelweise unterschlagen
	die Baisermasse in einen Spritzbeutel füllen, in beliebigen Formen auf ein mit Backpapier belegtes Backblech spritzen oder mit 2 Teelöffeln aufsetzen
	das Gebäck darf nur leicht aufgehen und sich schwach gelblich färben
Ober-/Unterhitze	110–130 °C (vorgeheizt)
Heißluft	etwa 100 °C (nicht vorgeheizt)
Gas	25 Minuten Stufe 1, 25 Minuten aus, 25 Minuten Stufe 1 (nicht vorgeheizt)
Backzeit	70–100 Minuten.

Plätzchen

Kulleraugen

250 g Weizenmehl **1 gestrichenen TL** **Backin** **100 g Zucker** **1 Päckchen** **Vanillin-Zucker** **1 Prise Salz** **3 Eigelb** **150 g weiche Butter** **oder Margarine**	mit mischen, in eine Rührschüssel sieben hinzufügen

die Zutaten mit Handrührgerät mit Knethaken zunächst kurz auf niedrigster, dann auf höchster Stufe gut durcharbeiten, anschließend auf der Arbeitsfläche zu einem glatten Teig verkneten, sollte er kleben, ihn eine Zeitlang kalt stellen

aus dem Teig daumendicke Rollen formen, in so große Stücke schneiden, daß sich daraus knapp walnußgroße Kugeln formen lassen

jede Kugel zuerst mit der oberen Seite in

etwas Eiweiß tauchen, dann in

etwa 50 g abgezogene, gehackte Mandeln drücken, mit der Teigseite auf ein Backblech legen, mit einem Rührlöffelstiel in jede Kugel eine Vertiefung drücken

mit

etwas rotem Gelee füllen

Ober-/Unterhitze 170–200 °C (vorgeheizt)

Heißluft 150–180 °C (nicht vorgeheizt)

Gas Stufe 3–4 (vorgeheizt)

Backzeit etwa 15 Minuten.

Tip Als Gelee eignet sich Johannisbeergelee oder Himbeergelee am besten. Sie können die Kulleraugen aber auch mit gelbem Gelee, z. B. Aprikosengelee, füllen.

Plätzchen

Schwarz-Weiß-Gebäck

	Für den hellen Teig
250 g Weizenmehl	mit
1 gestrichenen TL Backin	mischen, in eine Rührschüssel sieben
150 g Zucker	
1 Päckchen Vanillin-Zucker	
½ Fläschchen Rum-Aroma	
oder Butter-Vanille-Aroma	
1 Ei	
125 g weiche Butter oder	
Margarine	hinzufügen, die Zutaten mit Handrührgerät mit Knethaken kurz auf niedrigster, dann auf höchster Stufe gut durcharbeiten, anschließend auf der Arbeitsfläche zu einem glatten Teig verkneten, sollte er kleben, ihn eine Zeitlang kalt stellen.
	Für den dunklen Teig
20 g Kakao	mit
15 g Zucker	
1 EL Milch	verrühren, unter die Hälfte des Teiges kneten die beiden Teige folgendermaßen zusammensetzen:
	Für das Schneckenmuster
	den hellen und den dunklen Teig zu gleichmäßig großen Rechtecken ausrollen, eines dünn mit
Eiweiß	bestreichen, das zweite darauf legen, ebenfalls bestreichen, fest zusammenwickeln.
	Für das Schachbrettmuster (ohne Abbildung) den hellen und den dunklen Teig etwa 1 cm dick ausrollen, aus dem hellen 5, aus dem dunklen 4 je 1 cm breite Streifen von gleicher Länge schneiden, mit Eiweiß bestreichen, abwechselnd je 3 neben- und übereinanderlegen, in dünn ausgerollten Teig wickeln Rollen eine Zeitlang kalt stellen, in gleichmäßige Scheiben schneiden, auf ein gefettetes Backblech legen
Ober-/Unterhitze	170–200 °C (vorgeheizt)
Heißluft	150–180 °C (nicht vorgeheizt)
Gas	Stufe 3–4 (vorgeheizt)
Backzeit	10–15 Minuten.

Plätzchen

Zimt-Baiser-Plätzchen

	Für den Teig
125 g Weizenmehl	in eine Rührschüssel sieben
2 Eigelb	
50 g Zucker	
1 Päckchen Vanillin-Zucker	
65 g weiche Butter	
oder Margarine	hinzufügen
	die Zutaten mit Handrührgerät mit Knethaken zunächst kurz auf niedrigster, dann auf höchster Stufe gut durcharbeiten, anschließend auf der Arbeitsfläche zu einem glatten Teig verkneten, sollte er kleben, ihn eine Zeitlang kalt stellen
	den Teig etwa 2 mm dick ausrollen, mit einer runden Form (⌀ 3–4 cm) ausstechen, auf ein gefettetes Backblech legen.
	Für die Baisermasse
2 Eiweiß	mit
100 g Zucker	
1 TL gemahlenem Zimt	verrühren
	die Masse im Wasserbad so lange schlagen, bis der Eischnee schnittfest ist
100 g abgezogene, gemahlene Mandeln	unterheben
	auf jedes Plätzchen knapp 1 Teelöffel der Baisermasse streichen
kandierte Kirschen	halbieren
	die Plätzchen jeweils mit einer halben Kirsche garnieren
Ober-/Unterhitze	170–200 °C (vorgeheizt)
Heißluft	150–180 °C (nicht vorgeheizt)
Gas	Stufe 3–4 (vorgeheizt)
Backzeit	etwa 10 Minuten.
Tip	Anstatt der kandierten Kirschen können auch feingeschnittenes Zitronat oder Orangeat verwendet werden. Zur geschmacklichen Abwechslung können die Plätzchen anstatt mit Zimt mit anderen weihnachtlichen Gewürzen, z. B. gemahlenem Ingwer oder Lebkuchengewürz, gebacken werden.

Plätzchen

Zartes Mandelgebäck

	Für den Teig
375 g Weizenmehl	mit
1 gestrichenen TL Backin	mischen, in eine Rührschüssel sieben
125 g Zucker	
1 Päckchen Vanillin-Zucker	
1 Prise Salz	
2 Tropfen Backöl Bittermandel	
abgeriebene Schale von ½ Zitrone (unbehandelt)	
1 Ei	
250 g weiche Butter oder Margarine	hinzufügen

die Zutaten mit Handrührgerät mit Knethaken zunächst kurz auf niedrigster, dann auf höchster Stufe gut durcharbeiten

100 g abgezogene, gehobelte Mandeln kurz auf mittlerer Stufe unterkneten, anschließend alles auf der Arbeitsfläche zu einem glatten Teig verkneten, den Teig zu einem Rechteck (14 x 22 cm) ausrollen, über Nacht kalt stellen
den Teig in Streifen von 22 x 3,5 cm schneiden, davon ½-1 cm breite Stücke abschneiden, auf ein Backblech legen

Ober-/Unterhitze	170–200 °C (vorgeheizt)
Heißluft	160–170 °C (nicht vorgeheizt)
Gas	Stufe 3–4 (vorgeheizt)
Backzeit	15–20 Minuten.

Für den Guß
175 g Kuvertüre in kleine Stücke schneiden, mit
etwas Kokosfett in einem kleinen Topf im Wasserbad bei schwacher Hitze zu einer geschmeidigen Masse verrühren
die erkalteten Plätzchen zur Hälfte hineintauchen.

Plätzchen

Pflastersteine

250 g Honig oder Sirup 100 g Zucker 50 g Butter, Margarine oder Schweineschmalz 1 EL Wasser	mit langsam erwärmen, zerlassen, in eine Rührschüssel geben, kalt stellen unter die fast erkaltete Masse mit Handrührgerät mit Rührbesen auf höchster Stufe
1 Ei 1 gestrichenen TL gemahlenen Zimt 2 Tropfen Backöl Bittermandel 3 Tropfen Backöl Zitrone	rühren
500 g Weizenmehl	mit
4 gestrichenen TL Backin	mischen, sieben, ⅔ davon eßlöffelweise auf mittlerer Stufe unterrühren, den Rest des Mehls mit
50 g abgezogenen, gehackten Mandeln oder 50 g Korinthen 25 g gewürfeltem Orangeat oder Zitronat (Sukkade)	auf der Arbeitsfläche unter den Teigbrei kneten, sollte der Teig kleben, noch etwas Mehl hinzugeben, daumendicke Rollen formen, diese in so große Stücke schneiden, daß sich daraus etwa kirschgroße Kugeln formen lassen, etwas flachdrücken, auf der Oberseite mit
Milch	bestreichen, in
Hagelzucker	drücken, auf ein gefettetes Backblech legen
Ober-/Unterhitze	170–200 °C (vorgeheizt)
Heißluft	150–180 °C (nicht vorgeheizt)
Gas	Stufe 3–4 (vorgeheizt)
Backzeit	10–20 Minuten
	die Pflastersteine nach dem Backen einige Tage an der Luft stehen lassen, damit sie weich werden.

Plätzchen

Plätzchen

Teegebäck

	Für den Teig
250 g Weizenmehl	mit
1 gestrichenen TL Backin	mischen, in eine Rührschüssel sieben
75 g Zucker	
1 Päckchen	
Vanillin-Zucker	
1 Prise Salz	
1 Ei	
125 g weiche Butter	
oder Margarine	hinzufügen

die Zutaten mit Handrührgerät mit Knethaken zunächst auf niedrigster, dann auf höchster Stufe gut durcharbeiten, anschließend auf der Arbeitsfläche zu einem glatten Teig verkneten, sollte er kleben, ihn eine Zeitlang kalt stellen
aus diesem Teig verschiedene Plätzchen zubereiten:

Für Brezeln
aus dem Teig bleistiftdicke Rollen formen, zu Brezeln legen, mit

Milch bestreichen, in
Zucker drücken, auf ein Backblech legen.

Für Fruchtplätzchen
den Teig dünn ausrollen, runde Plätzchen und Ringe in gleicher Größe ausstechen, auf ein Backblech legen
die erkalteten Plätzchen mit

Konfitüre bestreichen, auf jedes einen mit
Puderzucker bestäubten Ring legen.

Für gefüllte Plätzchen
den Teig dünn ausrollen, mit einer runden Form Plätzchen ausstechen, auf ein Backblech legen, die Hälfte der erkalteten Plätzchen auf der Unterseite mit

Konfitüre oder Gelee bestreichen, die übrigen darauf legen, mit
Puderzucker bestäuben.

Plätzchen

Für Zucker- oder Mandelplätzchen
den Teig dünn ausrollen, runde Plätzchen ausstechen,
auf ein Backblech legen, mit

Milch	bestreichen, mit
Zucker oder	
abgezogenen, gehackten,	
gehobelten oder	
gemahlenen Mandeln	bestreuen
Ober-/Unterhitze	170–200 °C (vorgeheizt)
Heißluft	150–180 °C (nicht vorgeheizt)
Gas	Stufe 3–4 (vorgeheizt)
Backzeit	für jedes Gebäck 8–10 Minuten.

Braune Kuchen

60 g dunklen Sirup	mit
100 g Zucker	
1 Päckchen Vanillin-Zucker	
125 g Butter	
2 EL Wasser	langsam erwärmen, zerlassen, in eine Rührschüssel geben, kalt stellen, unter die fast erkaltete Masse mit Handrührgerät mit Rührbesen auf höchster Stufe
1 schwach gehäuften TL	
gemahlenen Zimt	
je 1 Messerspitze	
gemahlene Nelken,	
gemahlenen Ingwer	rühren
250 g Weizenmehl	mit
½ gestrichenen TL Backin	mischen, sieben, eßlöffelweise auf mittlerer Stufe unterrühren, zuletzt
40 g abgezogene, gehackte	
Mandeln	
40 g sehr feingewürfeltes	
Zitronat (Sukkade)	unterrühren, aus dem Teig Rollen (∅ 3 cm) formen, in Alufolie verpackt kalt stellen (am besten über Nacht), die Rollen in sehr dünne Scheiben schneiden, auf ein gefettetes Backblech legen
Ober-/Unterhitze	170–200 °C (vorgeheizt)
Heißluft	150–180 °C (nicht vorgeheizt)
Gas	Stufe 3–4 (vorgeheizt)
Backzeit	8–10 Minuten.

Walnußkipferl

300 g Weizenmehl	in eine Rührschüssel sieben
100 g gesiebten Puderzucker	
1 Messerspitze gemahlenen Zimt	
Mark aus 1 Vanillestange	
1 Prise Salz	
1 Eigelb	
250 g weiche Butter oder Margarine	hinzufügen
	die Zutaten mit Handrührgerät mit Knethaken zunächst auf niedrigster, dann auf höchster Stufe kurz durcharbeiten
100 g gemahlene Walnußkerne	auf mittlerer Stufe unterkneten
	den Teig einige Stunden kalt stellen
	aus dem Teig bleistiftdicke Rollen formen, die Rollen in etwa 5 cm lange Stücke schneiden, die Enden etwas dünner rollen, als Hörnchen auf ein Backblech legen
Ober-/Unterhitze	170–200 °C (vorgeheizt)
Heißluft	150–180 °C (nicht vorgeheizt)
Gas	Stufe 3–4 (vorgeheizt)
	die Walnußkipferl sofort nach dem Backen mit
50 g zerlassener Butter	bestreichen
50 g Puderzucker	mit
1 Päckchen Vanillin-Zucker	mischen
	über die Kipferl sieben.
Tip	Anstatt gemahlener Walnußkerne kann dieselbe Menge gemahlener Pekannüsse untergeknetet werden.

Plätzchen

Plätzchen

Zimtstangen

	Für den Teig
250 g Weizenmehl	in eine Rührschüssel sieben
75 g Zucker	
1 Päckchen	
Vanillin-Zucker	
½ Fläschchen	
Rum-Aroma	
1 gestrichenen EL	
gemahlenen Zimt	
1 Eigelb	
125 g weiche Butter oder	
Margarine	hinzufügen, die Zutaten mit Handrührgerät mit Knethaken zunächst kurz auf niedrigster, dann auf höchster Stufe gut durcharbeiten, anschließend auf der Arbeitsfläche zu einem glatten Teig verkneten, sollte er kleben, ihn eine Zeitlang kalt stellen den Teig dünn ausrollen, Stangen von gut 2 x 6 cm schneiden, auf ein gefettetes Backblech legen.
	Für den Belag
1 Eiweiß	zu fast steifem Schnee schlagen, die Stangen damit bestreichen, mit
Zucker	bestreuen sollte der Eischnee nicht reichen, die restlichen Stangen mit
Kondensmilch	bestreichen, mit
Zucker	
abgezogenen,	
gehobelten	
Mandeln	bestreuen
Ober-/Unterhitze	170–200 °C (vorgeheizt)
Heißluft	150–180 °C (nicht vorgeheizt)
Gas	Stufe 3–4 (vorgeheizt)
Backzeit	etwa 10 Minuten.
Tip	Anstatt Stangen können auch Zimtplätzchen gebacken werden. Dafür den Teig dünn ausrollen und mit Ausstechförmchen ausstechen.

Spekulatius

250 g Weizenmehl	mit
1 gestrichenen TL Backin	mischen, in eine Rührschüssel sieben
125 g Zucker	
1 Päckchen Vanillin-Zucker	
1 Tropfen Backöl Bittermandel	
je 1 Messerspitze gemahlenen Kardamom und gemahlene Nelken	
½ gestrichenen TL gemahlenen Zimt	
1 Ei	
100 g weiche Butter oder Margarine	
50 g abgezogene, gemahlene Mandeln	hinzufügen

die Zutaten mit Handrührgerät mit Knethaken zunächst kurz auf niedrigster, dann auf höchster Stufe gut durcharbeiten, anschließend auf der Arbeitsfläche zu einem glatten Teig verkneten, sollte er kleben, ihn eine Zeitlang kalt stellen

den Teig dünn ausrollen, mit beliebigen Formen (vor allem Tierformen) ausstechen, auf ein gefettetes Backblech legen

werden Holzmodel benutzt, den Teig in den gut bemehlten Model drücken, den überstehenden Teig abschneiden, die Spekulatius aus dem Model schlagen

Ober-/Unterhitze	170–200 °C (vorgeheizt)
Heißluft	150–180 °C (nicht vorgeheizt)
Gas	Stufe 3–4 (vorgeheizt)
Backzeit	etwa 10 Minuten.
Tip	Als Abwandlung die Spekulatius vor dem Backen mit Kondensmilch bestreichen und mit abgezogenen, gehobelten Mandeln bestreuen.

Plätzchen

Orangenplätzchen

	Für den Teig
175 g weiche Butter	mit Handrührgerät mit Rührbesen auf höchster Stufe geschmeidig rühren, nach und nach
100 g Zucker	
1 Päckchen Vanillin-Zucker	
1 Prise Salz	
1 Fläschchen Backöl	
Zitrone	unterrühren, so lange rühren, bis eine gebundene Masse entstanden ist
1 Ei	unterrühren
300 g Weizenmehl	sieben, eßlöffelweise auf mittlerer Stufe unterrühren den Teig auf der Arbeitsfläche kurz durchkneten, ihn einige Zeit kalt stellen den Teig knapp ½ cm dick ausrollen, mit einer runden Form (∅ etwa 4 cm) ausstechen, auf ein gefettetes Backblech legen
Ober-/Unterhitze	170–200 °C (vorgeheizt)
Heißluft	150–180 °C (nicht vorgeheizt)
Gas	Stufe 3–4 (vorgeheizt)
Backzeit	10–15 Minuten.

	Für den Guß
175 g Puderzucker	sieben, mit
4–5 EL Orangenlikör	
oder Zitronensaft	glattrühren, so daß eine dickflüssige Masse entsteht, die Plätzchen damit bestreichen
kandierte	
Orangenscheiben	in Stücke schneiden, die Plätzchen damit garnieren.
Tip	Kandierte Früchte können auch selbst hergestellt werden. Sie brauchen dafür nur ein Zuckerthermometer (im Fachhandel), da die richtige Zuckerkonzentration eingehalten werden muß. Die Früchte müssen so lange in der Zuckerlösung ziehen, bis sie gleichmäßig davon durchdrungen sind.

Plätzchen

Alexanderplätzchen

	Für den Teig
250 g Weizenmehl	mit
1 Messerspitze Backin	mischen, in eine Rührschüssel sieben
200 g Zucker	
1 Päckchen	
Bourbon Vanille-Zucker	
½ TL gemahlenen Zimt	
1 Messerspitze	
gemahlene Nelken	
1 Ei	
250 g weiche Margarine	hinzufügen, die Zutaten mit Handrührgerät mit Knethaken zunächst kurz auf niedrigster, dann auf höchster Stufe gut durcharbeiten
250 g abgezogene,	
gemahlene Mandeln	auf mittlerer Stufe kurz unterkneten, anschließend alles auf der Arbeitsfläche zu einem glatten Teig verkneten
	den Teig einige Stunden kalt stellen, portionsweise dünn ausrollen, Plätzchen ausstechen, auf ein mit Backpapier belegtes Backblech legen
Ober-/Unterhitze	170–200 °C (vorgeheizt)
Heißluft	150–180 °C (nicht vorgeheizt)
Gas	Stufe 3–4 (vorgeheizt)
Backzeit	etwa 10 Minuten
	die Hälfte der erkalteten Plätzchen auf der Unterseite mit
4 EL Himbeer-Konfitüre	
(durch ein Sieb gestrichen)	bestreichen, die übrigen mit der Unterseite darauf legen.
	Für den Guß
100 g gesiebten	
Puderzucker	mit
1–2 EL Himbeer-Konfitüre	
(durch ein Sieb gestrichen)	
etwas Zitronensaft	zu einer dünnflüssigen Masse verrühren, die Plätzchen damit bestreichen, mit
abgezogenen, halbierten	
Mandeln	belegen.

Plätzchen

Gewürzplätzchen

250 g Weizenmehl mit
1 Päckchen Pudding-Pulver Vanille- oder Mandel-Geschmack
2 gestrichenen TL Backin mischen, in eine Rührschüssel sieben
80 g Zucker
1 Päckchen Vanillin-Zucker
5 Tropfen Backöl Bittermandel
1½ TL Pfefferkuchen-Gewürz
1 Prise Salz
1 Ei
3 EL flüssige Schlagsahne
125 g weiche Butter oder Margarine
30 g feingehacktes Zitronat (Sukkade)
50 g abgezogene, gehackte Mandeln hinzufügen
die Zutaten mit Handrührgerät mit Knethaken zunächst kurz auf niedrigster, dann auf höchster Stufe gut durcharbeiten, anschließend auf der Arbeitsfläche zu einem glatten Teig verkneten, dabei
50 g verlesene Korinthen unterkneten
Teig dünn ausrollen, beliebige Motive ausstechen, auf ein gefettetes Backblech legen

Ober-/Unterhitze 170–200 °C (vorgeheizt)
Heißluft 150–180 °C (nicht vorgeheizt)
Gas Stufe 3–4 (vorgeheizt)
Backzeit etwa 10 Minuten.

Vanille-Zitrus-Sterne

	Für den Teig
200 g Weizenmehl	mit
1 Messerspitze Backin	mischen, in eine Rührschüssel sieben
60 g Zucker	
1 Päckchen Vanillin-Zucker	
etwas abgeriebene Zitronenschale (unbehandelt)	
etwas Salz	
1 Ei	
100 g weiche Butter	hinzufügen

die Zutaten mit Handrührgerät mit Knethaken zunächst kurz auf niedrigster, dann auf höchster Stufe gut durcharbeiten, anschließend auf der Arbeitsfläche zu einem glatten Teig verkneten
Teig eine Zeitlang kalt stellen, in kleinen Portionen dünn ausrollen, Sterne in verschiedenen Größen ausstechen, auf ein mit Backpapier belegtes Backblech legen.

	Zum Bestreichen
1 Eigelb	mit
1 EL Kondensmilch	verrühren, die Sterne damit bestreichen
	mit
50 g Hagelzucker	bestreuen
Ober-/Unterhitze	170–200 °C (vorgeheizt)
Heißluft	150–180 °C (nicht vorgeheizt)
Gas	Stufe 3–4 (vorgeheizt)
Backzeit	etwa 8 Minuten.
Tip	Als Abwandlung die Sterne mit bunten Zuckerstreuseln, Pistazienkernen oder anderem Gebäckschmuck bestreuen.

Plätzchen

Baseler Herzen

Für den Teig

2 Eiweiß
250 g Zucker
1 Päckchen
Vanillin-Zucker mit Handrührgerät mit Rührbesen schaumig schlagen
2 gehäufte TL Kakao
2 gestrichene TL
gemahlenen Zimt
½ TL gemahlene Nelken
½ Fläschchen
Rum-Aroma
15 g zerlassene,
abgekühlte Butter
oder Margarine vorsichtig unterrühren
250 g nicht abgezogene,
gemahlene Mandeln mit
½ gestrichenen TL
Backin mischen, unter die Eiweißmasse rühren, so daß ein
fester Teig entsteht
den Teig etwa ½ cm dick auf der bemehlten Arbeitsfläche ausrollen
Herzen ausstechen, auf ein gefettetes Backblech
legen
Ober-/Unterhitze 170–200 °C (vorgeheizt)
Heißluft 150–180 °C (nicht vorgeheizt)
Gas Stufe 3–4 (vorgeheizt)
Backzeit etwa 10 Minuten.

Für den Guß

200 g gesiebten
Puderzucker mit
2–3 EL heißem Wasser glattrühren, so daß eine dickflüssige Masse entsteht
die Herzen nach dem Backen vorsichtig vom Backblech
lösen, noch heiß mit dem Guß bestreichen.

Plätzchen

Zitronenherzen

Für den Teig

3 Eigelb
125 g Zucker
1 Päckchen
Vanillin-Zucker mit Handrührgerät mit Rührbesen auf höchster Stufe so lange schlagen, bis eine cremeartige Masse entstanden ist

3 Tropfen Backöl Zitrone
1 Messerspitze Backin und so viel von
200–250 g abgezogenen,
gemahlenen Mandeln* unterrühren, daß ein fester Brei entsteht von dem Rest der Mandeln so viel unterkneten, daß der Teig kaum noch klebt, ihn auf einer mit

abgezogenen,
gemahlenen Mandeln bestreuten Arbeitsfläche etwa ½ cm dick ausrollen, Herzen ausstechen, auf ein mit Backpapier belegtes Backblech legen

Ober-/Unterhitze 170–200 °C (vorgeheizt)
Heißluft 160–170 °C (nicht vorgeheizt)
Gas Stufe 3–4 (vorgeheizt)
Backzeit etwa 10 Minuten.

Für den Guß

100 g Puderzucker sieben, mit
etwa 1 EL Zitronensaft glattrühren, so daß eine dickflüssige Masse entsteht sofort nach dem Backen die Plätzchen damit bestreichen.

* Die erforderliche Menge hängt von der Größe der Eier ab.

Plätzchen

Sahnebrezeln
(Foto)

375 g Weizenmehl	in eine Rührschüssel sieben
1 schwach gehäuften TL Zucker	
2 Päckchen Vanillin-Zucker	
125 ml (⅛ l) saure Sahne	
250 g weiche Butter	hinzufügen

die Zutaten mit Handrührgerät mit Knethaken zunächst kurz auf niedrigster, dann auf höchster Stufe gut durcharbeiten, anschließend auf der Arbeitsfläche zu einem glatten Teig verkneten, sollte er kleben, ihn eine Zeitlang kalt stellen

den Teig etwa ½ cm dick ausrollen, in Streifen von gut ½ x 22 cm schneiden, zu Brezeln schlingen, mit

Kondensmilch	bestreichen
100 g Hagelzucker	
50 g abgezogene, gehackte Mandeln	mischen, die Brezel hineindrücken, mit der unteren Seite auf ein Backblech legen
Ober-/Unterhitze	200–220 °C (vorgeheizt)
Heißluft	180–200 °C (nicht vorgeheizt)
Gas	Stufe 4–5 (vorgeheizt)
Backzeit	etwa 10 Minuten.

Nußtaler

250 g Weizenmehl	mit
2 gestrichenen TL Backin	mischen, in eine Rührschüssel sieben
125 g Zucker	
1 Päckchen Vanillin-Zucker	
3 Tropfen Backöl Bittermandel	
1 Ei	
125 g weiche Butter	hinzufügen

die Zutaten mit Handrührgerät mit Knethaken zunächst kurz auf niedrigster, dann auf höchster Stufe gut durcharbeiten

(Fortsetzung Seite 46)

Plätzchen

Spreewälder Zimtknusperchen

	Für den Teig
2 Eier	mit Handrührgerät mit Rührbesen auf höchster Stufe schaumig schlagen
200 g grobkörnigen Zucker	unterrühren
3 schwach gehäufte TL gemahlenen Zimt	
1 Messerspitze gemahlene Nelken oder Piment	
65 g feingehacktes Zitronat (Sukkade)	
75–100 g abgezogene, gemahlene Mandeln	unterrühren
250 g Weizenmehl	mit
2 gestrichenen TL Backin	mischen, sieben, eßlöffelweise auf mittlerer Stufe unterrühren

den Teig knapp 3 cm dick ausrollen, in Rechtecke (etwa 3 x 5 cm) schneiden, auf ein mit Backpapier belegtes Backblech legen.

	Zum Bestreichen und Verzieren
1 kleines Ei	verschlagen die Teigrechtecke damit bestreichen, mit
75–100 g abgezogenen, halbierten Mandeln	belegen
Ober-/Unterhitze	170–200 °C (vorgeheizt)
Heißluft	160–180 °C (nicht vorgeheizt)
Gas	Stufe 3–4 (vorgeheizt)
Backzeit	12–15 Minuten.
Tip	Die erkalteten Zimtknusperchen in gut schließende Dosen geben und etwa 10 Tage durchziehen lassen.

Plätzchen

Plätzchen

Pignolikipferl

2 Eiweiß	steif schlagen
100 g Zucker	
1 Päckchen Vanillin-Zucker	
4 Tropfen Backöl Zitrone	
100 g abgezogene, gemahlene Mandeln	unterheben, die Masse in einer großen, beschichteten Pfanne so lange unter Rühren erhitzen, bis sie um die Hälfte reduziert ist, in eine Schüssel geben, etwas abkühlen lassen
80 g Pinienkerne	auf einen Teller geben, mit einem Teelöffel etwas von der Masse in den Kernen wälzen, zu Kipferl formen, auf ein mit Backpapier belegtes Backblech legen
Ober-/Unterhitze	etwa 150 °C (vorgeheizt)
Heißluft	etwa 130 °C (nicht vorgeheizt)
Gas	Stufe 2–3 (vorgeheizt)
Backzeit	12–15 Minuten.

Mailänderli

	Für den Teig
125 g weiche Butter	mit Handrührgerät mit Rührbesen auf höchster Stufe geschmeidig rühren, nach und nach
125 g gesiebten Puderzucker	
1 Päckchen Vanillin-Zucker	
abgeriebene Schale von ½ Zitrone (unbehandelt)	unterrühren, so lange rühren, bis eine gebundene Masse entstanden ist
1 Ei	
1 Eigelb	nach und nach unterrühren
250 g Weizenmehl	sieben, ⅓ davon eßlöffelweise auf mittlerer Stufe unterrühren, den Rest auf der Arbeitsfläche unterkneten Teig 2–3 Stunden kalt stellen, in kleinen Portionen dünn ausrollen, Monde ausstechen, auf ein Backblech legen.

Plätzchen

	Zum Bestreichen
1 Eigelb	mit
1 EL Wasser	verrühren, die Teigplätzchen damit bestreichen, mit jeweils 1 von
etwa 50 g abgezogenen, halbierten Mandeln	belegen
Ober-/Unterhitze	170–200 °C (vorgeheizt)
Heißluft	150–180 °C (nicht vorgeheizt)
Gas	Stufe 3–4 (vorgeheizt)
Backzeit	etwa 10 Minuten.

Ingwerbrot

250 g Sirup	
100 g Kandisfarin	
50 g zerlassene Butter	
½ Ei	mit Handrührgerät mit Rührbesen verrühren
50 g feingehackten Ingwer (aus dem Glas)	
1 gestrichenen TL gemahlenen Kümmel	unterrühren
400 g Weizenmehl	mit
1 Päckchen Backin	mischen, sieben, knapp die Hälfte davon eßlöffelweise auf mittlerer Stufe unter die Sirupmasse rühren, den Rest des Mehls auf der Arbeitsfläche unterkneten aus dem Teig Stangen von 2–3 cm Durchmesser formen, über Nacht kühl stellen die Gebäckstangen in knapp 1 cm dicke Scheiben schneiden, auf ein mit Backpapier belegtes Backblech legen, mit
1 verschlagenem Eigelb	bestreichen
Ober-/Unterhitze	170–200 °C (vorgeheizt)
Heißluft	150–180 °C (nicht vorgeheizt)
Gas	Stufe 3–4 (vorgeheizt)
Backzeit	etwa 15 Minuten.

Kleingebäck

Kleingebäck und Kleinge-
drucktes haben eines ge-
meinsam: Es wird in seiner
Bedeutung meist unter-
schätzt! Denn was üppige
Torten und mächtige
Kuchen versprechen, hat
auch jedes Kleingebäck zu
bieten – die ganze Vielfalt
traditioneller und moder-
ner Backkunst. Und jedes
fertige Teilchen ist dabei
im wahrsten Sinne des
Wortes ein echtes
„Appetithäppchen".

Aber das ist noch nicht
alles. Ganz groß ist Kleingebäck, wenn es um figür-
liches Backen geht. Was
wäre Weihnachten ohne
ein reizvoll verziertes
Knusperhäuschen und der
Nikolaustag ohne einen
liebevoll gebackenen
Stiefel? Einfach undenk-
bar! Also nichts wie ran an
den Teig ...

Knusperhäuschen
(Foto Seite 52/53)

Für den Teig

300 g Honig, 75 g Zucker
2 Päckchen Vanillin-Zucker
1 Ei
50 g sehr weiche Margarine
4 EL Wasser mit Handrührgerät mit Knethaken gut verrühren
600 g Weizenmehl mit
30 g Kakao
3 gestrichenen TL Backin mischen, sieben, unterkneten, auf der mit Mehl
bestäubten Arbeitsfläche zu einem glatten Teig
verkneten
Teig knapp ½ cm dick ausrollen
zunächst die vordere und die hintere Seite des Hauses
(am besten nach Papierschablone, 2 Dreiecke, Höhe
15 cm, Seitenlänge 18 cm) ausschneiden, auf ein
gefettetes Backblech legen, mit
flüssiger Schlagsahne bestreichen
Fenster, Tür und das Dach (2 Rechtecke, 15 x 18 cm)
ausschneiden, auf ein gefettetes Backblech legen, mit
Sahne bestreichen, aus einem Teil des restlichen
Teiges Sterne in verschiedenen Größen ausstechen,
auf das Dach legen, mit Sahne bestreichen
Ober-/Unterhitze 170–200 °C (vorgeheizt)
Heißluft 150–180 °C (nicht vorgeheizt)
Gas Stufe 3–4 (vorgeheizt)
Backzeit 10–15 Minuten.

Für die Gebäckplatte
einen Teil des restlichen Teiges auf einem gefetteten
Backblech ausrollen, mit Sahne bestreichen, kleine
Kugeln formen, als Zaun an den Rand legen

aus dem restlichen Teig Tannenbäume, 1 Stern für
den Dachfirst und Platten für den Hauseingang ausschneiden, mit auf das Backblech legen, mit Sahne
bestreichen, Tannenbäume mit
gehackten Pistazienkernen bestreuen
Herdeinstellung und Backzeit siehe oben.

Kleingebäck

Für den Guß
200 g Puderzucker sieben, mit
Eiweiß zu einer dickflüssigen Masse verrühren
Hausteile auf der Gebäckplatte zusammensetzen
Haus, Tannenbäume und Zaun mit
Puderzuckerguß verzieren, nach Belieben mit
Nüssen, Süßigkeiten garnieren, mit
Puderzucker bestäuben.

Pfefferkuchenstreifen

Für den Teig
150 g Sirup oder Honig
50 g Zucker
100 g Butter langsam erwärmen, zerlassen, in eine Rührschüssel geben, kalt stellen, unter die fast erkaltete Masse mit Handrührgerät mit Rührbesen auf höchster Stufe
3 Eigelb, 1 EL Rum
1 Päckchen Vanillin-Zucker
1 Päckchen Lebkuchen-Gewürz
1 Prise Salz rühren
300 g Weizenmehl mit
2 gestrichenen TL Backin mischen, sieben, mit Handrührgerät mit Knethaken zunächst kurz auf niedrigster, dann auf höchster Stufe durcharbeiten, anschließend auf der Arbeitsfläche zu einem Teig verkneten, eine Zeitlang kalt stellen, auf einem gefetteten Backblech ausrollen
200 g Aprikosen-Konfitüre durch ein Sieb streichen, auf den Teig streichen.

Für den Belag
2 Eiweiß mit
100 g Zucker
125 g abgezogenen, gemahlenen Mandeln
½ TL gemahlenem Zimt unter Rühren bei schwacher Hitze erhitzen, erkalten lassen
1 Eiweiß steif schlagen, unterziehen, Masse auf der Konfitüre verteilen

(Fortsetzung Seite 56)

8 cm

Kleingebäck

Ober-/Unterhitze	170–200 °C (vorgeheizt)
Heißluft	150–180 °C (nicht vorgeheizt)
Gas	Stufe 3–4 (vorgeheizt)
Backzeit	etwa 20 Minuten
	Gebäck erkalten lassen, in Streifen schneiden.

Hefeteig-Figuren
(für 8–10 Stutenkerle oder 8 Martinsgänse)

500 g Weizenmehl	in eine Rührschüssel sieben, mit
1 Päckchen	
Trocken-Backhefe	sorgfältig vermischen
2 EL Zucker	
1 gestrichenen TL Salz	
1 Ei, 1 Eiweiß	
100 g zerlassene,	
abgekühlte Butter	
oder Margarine	
gut 125 ml (⅛ l)	
lauwarme Milch	hinzufügen
	die Zutaten mit Handrührgerät mit Knethaken zuerst auf niedrigster, dann auf höchster Stufe in etwa 5 Minuten zu einem glatten Teig verarbeiten den Teig an einem warmen Ort so lange gehen lassen, bis er sich sichtbar vergrößert hat, ihn dann auf der Arbeitsfläche nochmals gut durchkneten.
	Für Stutenkerle den Teig etwa 1 cm dick ausrollen Stutenkerle (etwa 18 cm hoch und 8 cm breit, am besten nach Pappschablone) ausschneiden, auf ein gefettetes Backblech legen, als Augen
Rosinen oder Korinthen	eindrücken
1 Eigelb	mit
1–2 EL Milch	verschlagen, die Stutenkerle damit bestreichen, je 1 von
8–10 Tonpfeifen	in die Stutenkerle drücken, sie auf ein gefettetes Backblech legen, abgedeckt nochmals etwa 20 Minuten gehen lassen

(Fortsetzung Seite 58)

Kleingebäck

Ober-/Unterhitze	etwa 200 °C (vorgeheizt)
Heißluft	etwa 180 °C (nicht vorgeheizt)
Gas	Stufe 3–4 (vorgeheizt)
Backzeit	15–20 Minuten.

	Für Martinsgänse
	den Teig knapp 1 cm dick ausrollen, Gänse
	(Körperlänge etwa 14 cm, Körperbreite etwa 10 cm
	und Gesamthöhe etwa 20 cm, am besten nach
	Pappschablone) ausschneiden, die Gänse auf ein
	gefettetes Backblech legen
1 Eigelb	mit
1–2 EL Milch	verschlagen, die Gänse damit bestreichen
Rosinen	als Augen eindrücken, die Gänse mit
Hagelzucker	bestreuen, abgedeckt an einem warmen Ort nochmals
	etwa 20 Minuten gehen lassen
Ober-/Unterhitze	etwa 200 °C (vorgeheizt)
Heißluft	etwa 180 °C (nicht vorgeheizt)
Gas	Stufe 3–4 (vorgeheizt)
Backzeit	15–20 Minuten.

Eisenbahn

13 cm

150 g Haselnußkerne	in einer Pfanne ohne Fett leicht bräunen, abkühlen lassen.

	Für den Teig
275 g weiche Butter oder Margarine	mit Handrührgerät mit Rührbesen auf höchster Stufe geschmeidig rühren, nach und nach
150 g Zucker	
1 Päckchen Vanillin-Zucker	
½ Fläschchen Rum-Aroma	
½ TL gemahlenen Zimt	
1 Messerspitze gemahlene Nelken	unterrühren, so lange rühren, bis eine gebundene Masse entstanden ist, nach und nach
4 Eier	unterrühren (jedes Ei etwa ½ Minute)
200 g Weizenmehl	mit

Kleingebäck

3 TL Kakao
3 gestrichenen TL Backin mischen, sieben, eßlöffelweise auf mittlerer Stufe
unterrühren, zuletzt die gebräunten Haselnüsse und

100 g feingehackte
Haselnußkerne unterrühren, den Teig auf ein mit Backpapier belegtes
Backblech streichen, das Papier unmittelbar vor dem
Teig zur Falte knicken

Ober-/Unterhitze 170–200 °C (vorgeheizt)
Heißluft 150–180 °C (nicht vorgeheizt)
Gas Stufe 3–4 (vorgeheizt)
Backzeit 20–25 Minuten
die Gebäckplatte stürzen, das Papier abziehen, die
Platte erkalten lassen
die Wagenteile für Lokomotive und Waggons (am
besten nach Pappschablone) ausschneiden, darauf
achten, daß für die Lokomotive 2 gleiche Teile, die
seitenverkehrt sein müssen, benötigt werden, darum
die eine Schablone beim Ausschneiden einmal umge-
kehrt auflegen.

Zum Zusammensetzen
150 g Kuvertüre in kleine Stücke schneiden, in einem kleinen Topf im
Wasserbad bei schwacher Hitze zu einer geschmeidi-
gen Masse rühren, die Gebäckteile damit zusammensetzen.

Zum Verzieren
etwas Puderzucker sieben, mit
Zitronensaft zu einer spritzfähigen Masse verrühren
etwas Kuvertüre in einem kleinen Topf im Wasserbad bei schwacher
Hitze auflösen, die Eisenbahn mit dem Puderzucker-
guß und der Kuvertüre verzieren.

Zum Garnieren
200 g Marzipan-Rohmasse mit
50 g gesiebtem
Puderzucker verkneten, gut ½ cm dick ausrollen, Motive (Tannenbäume, Sterne usw.) ausstechen, mit
Eiweiß bestreichen, unter dem vorgeheizten Grill leicht
bräunen oder die Marzipanmasse vor dem Ausrollen
mit Speisefarben einfärben (nicht grillen).

Kleingebäck

Nuß- oder Kokosecken

Für den Teig

150 g Weizenmehl	mit
½ gestrichenen TL Backin	mischen, in eine Rührschüssel sieben
65 g Zucker	
1 Päckchen Vanillin-Zucker	
1 Ei	
65 g weiche Butter	
oder Margarine	hinzufügen

die Zutaten mit Handrührgerät mit Knethaken zunächst kurz auf niedrigster, dann auf höchster Stufe gut durcharbeiten, anschließend auf der Arbeitsfläche zu einem glatten Teig verkneten, sollte er kleben, ihn eine Zeitlang kalt stellen den Teig zu einem Rechteck von etwa 32 x 24 cm auf einem gefetteten Backblech ausrollen, mit

2 EL Aprikosen-Konfitüre   bestreichen.

Für den Belag

100 g Margarine	mit
100 g Zucker	
1 Päckchen Vanillin-Zucker	
2 EL Wasser	langsam erwärmen, zerlassen
75 g gemahlene und	
125 g gehobelte Haselnußkerne oder	
200 g Kokosraspel	unterrühren, kurz aufkochen, etwas abkühlen lassen,

gleichmäßig auf den Teig verteilen, vor den Teig ein mehrfach umgeknicktes Stück Alufolie legen

Ober-/Unterhitze	170–200 °C (vorgeheizt)
Heißluft	150–180 °C (nicht vorgeheizt)
Gas	Stufe 3–4 (vorgeheizt)
Backzeit	20–30 Minuten

das Gebäck abkühlen lassen, zuerst in Vierecke (8 x 8 cm), dann in Dreiecke schneiden.

Für den Guß

50 g Halbbitter-Kuvertüre   in einem kleinen Topf im Wasserbad bei schwacher Hitze zu einer geschmeidigen Masse verrühren, die beiden spitzen Ecken damit bestreichen.

Kleingebäck

Thorner Kathrinchen

	Für den Teig
75 g Honig	mit
60 g Zucker	
2 EL Wasser	
25 g weicher Butter	
oder Margarine	in einem kleinen Topf langsam erwärmen, zerlassen, in eine Rührschüssel geben, kalt stellen unter die fast erkaltete Masse mit Handrührgerät mit Rührbesen auf höchster Stufe
1 Ei	
2 TL Lebkuchen-Gewürz	
1 Beutel Zitronen-Aroma	
abgeriebene Schale von	
½ Zitrone (unbehandelt)	
1 EL Rum	rühren
200 g Weizenmehl	mit
100 g Roggenmehl	
2 gestrichenen TL	
Backin	mischen, sieben, ⅔ davon eßlöffelweise auf mittlerer Stufe unterrühren, den Teigbrei mit dem Rest des Mehls auf der Arbeitsfläche zu einem glatten Teig verkneten, dann dünn ausrollen, Kathrinchen ausstechen oder rechteckige Plätzchen von etwa 10 x 6 cm ausschneiden, auf ein gefettetes Backblech legen, mit
Kondensmilch	bestreichen, mit
abgezogenen,	
halbierten Mandeln	
Haselnußkernen	
Sonnenblumenkernen	belegen die Nüsse und Mandeln nochmals mit Kondensmilch bestreichen
Ober-/Unterhitze	etwa 200 °C (vorgeheizt)
Heißluft	etwa 180 °C (nicht vorgeheizt)
Gas	Stufe 3–4 (vorgeheizt)
Backzeit	10–12 Minuten.

Kleingebäck

Nürnberger Elisenlebkuchen
(Teig für etwa 40 Oblaten, Durchmesser etwa 6 cm)

Für den Teig

75 g Orangeat oder Zitronat (Sukkade)	sehr fein würfeln
125 g nicht abgezogene Mandeln	mahlen
2 Eier	mit Handrührgerät mit Rührbesen auf höchster Stufe in 1 Minute schaumig schlagen
200 g Farin-Zucker	mit
1 Päckchen Vanillin-Zucker	mischen, in 1 Minute einstreuen, dann noch etwa 2 Minuten schlagen
1 Messerspitze gemahlene Nelken **½ Fläschchen Rum-Aroma** **1–2 Tropfen Backöl Zitrone**	unterrühren, die Mandeln mit
1 Messerspitze Backin	mischen, mit dem Orangeat (Zitronat) und so viel von
75–125 g gemahlenen Haselnußkernen*	kurz auf niedrigster Stufe unter die Eiercreme rühren, daß der Teig noch streichfähig ist, auf jede von
40 Oblaten	einen gehäuften Teelöffel des Teiges geben, mit einem in Wasser getauchten Messer bergförmig verstreichen, auf ein Backblech geben
Ober-/Unterhitze	130–150 °C (vorgeheizt)
Heißluft	etwa 120 °C (nicht vorgeheizt)
Gas	Stufe 1–2 (vorgeheizt)
Backzeit	25–30 Minuten.

Für den hellen Guß

150 g Puderzucker	sieben, mit
1–2 EL heißem Wasser	glattrühren, so daß eine dickflüssige Masse entsteht.

Für den dunklen Guß

75 g Schokolade	mit
10 g Kokosfett	in einem kleinen Topf im Wasserbad bei schwacher Hitze zu einer geschmeidigen Masse verrühren die Hälfte der Lebkuchen gleich nach dem Backen mit hellem, den Rest mit dunklem Guß bestreichen.

* Die erforderliche Menge Haselnußkerne hängt von der Größe der Eier ab.

Kleingebäck

Nikolausstiefel

Für den Teig

125 g Honig mit
50 g Zucker
1 Päckchen Vanillin-Zucker
60 g Butter langsam erwärmen, zerlassen, in eine Rührschüssel
geben, kalt stellen
unter die fast erkaltete Masse mit Handrührgerät mit
Rührbesen ›
1 Eigelb
je 1 Messerspitze
gemahlenen Zimt
und gemahlene Nelken rühren
250 g Weizenmehl mit
2 gestrichenen TL Backin
1 gestrichenen TL Kakao mischen, sieben, ⅔ davon eßlöffelweise auf
mittlerer Stufe unterrühren, den Rest des Mehls
auf der Arbeitsfläche unterkneten
den Teig gut ½ cm dick ausrollen, Stiefel von ge-
wünschter Größe (am besten nach Pappschablone)
ausschneiden, aus dem restlichen Teig Plätzchen ausstechen
die Teigstücke auf ein gefettetes Backblech legen
Ober-/Unterhitze 170–200 °C (vorgeheizt)
Heißluft 150–180 °C (nicht vorgeheizt)
Gas Stufe 3–4 (vorgeheizt)
Backzeit etwa 15 Minuten.

Zum Verzieren
100 g Puderzucker mit so viel
Eiweiß verrühren, daß eine spritzfähige Masse entsteht
die erkalteten Stiefel und Plätzchen mit dem Guß
verzieren, mit
Gebäckschmuck
Belegkirschen
abgezogenen,
halbierten Mandeln garnieren.

Kuchen/Torten

Zu Weihnachten, das war schon immer so, da wird nicht gespart. Es wird geschlemmt! Küchen und Keller müssen hergeben, was immer sie können. Und das gilt auch für die Backstube. Wer sonst eifrig das ganze Jahr über jedes überflüssige Gramm Fett vermeidet, der vergißt angesichts all der wunderbaren Weihnachtstorten und -kuchen doch prompt die Kalorientabelle. Wahrer Genuß ist eben tatsächlich nicht meßbar – aber erfahrbar!

Stollen, Früchtebrot und Honigkranz gehören einfach zum Fest. Außerdem, Nikolaus und Christkind kommen schließlich nur einmal im Jahr, da darf es dann zur Feier des Tages auch schon mal eine Baumkuchenschnitte (oder auch eine mehr!) sein. Das neue Jahr mit seinen guten Vorsätzen ist ja schon in Sicht ...

Hutzelbrot
(Foto Seite 68/69)

200 g getrocknete Birnen 250 g entsteinte, getrocknete Pflaumen 175 g getrocknete Feigen 500 ml (½ l) Wasser	mit übergießen, über Nacht zum Quellen stehen lassen gequollenes Obst zum Kochen bringen, 2 Minuten kochen lassen, auf ein Sieb geben (Wasser auf- fangen), erkalten lassen, in kleine Stücke schneiden.

Für den Teig

250 g Weizenmehl 1 Päckchen Backin	mit mischen, in eine Rührschüssel sieben
50 g Zucker 1 Päckchen Vanillin-Zucker 3 Tropfen Backöl Zitrone je 1 Messerspitze gemahlenen Ingwer und gemahlene Nelken 2 Messerspitzen gemahlenen Zimt 1 EL Kirschwasser 2 EL erkaltetes Trocken- obstkochwasser	hinzufügen die Zutaten mit Handrührgerät mit Knethaken zu- nächst kurz auf niedrigster, dann auf höchster Stufe zu einem dicken Brei verarbeiten, auf die leicht mit Mehl bestäubte Arbeitsfläche geben, darauf das kleingeschnittene Obst,
75 g grobgehackte Haselnußkerne 75 g gewürfeltes Zitronat (Sukkade) 100 g verlesene Rosinen	geben, zu einem zusammenhängenden Teig verkneten, sollte er kleben, noch etwas Mehl hinzufügen den Teig zu einem länglichen Laib formen, auf ein mit Backpapier belegtes Backblech legen.

Kuchen/Torten

	Zum Bestreichen
1 gestrichenen TL Kartoffelmehl	mit
3 EL kaltem Wasser	anrühren, unter Rühren kurz aufkochen lassen, den Teig damit bestreichen
Ober-/Unterhitze	etwa 170 °C (vorgeheizt)
Heißluft	etwa 150 °C (nicht vorgeheizt)
Gas	etwa Stufe 3 (vorgeheizt)
Backzeit	50–60 Minuten.

Rotweinkuchen

	Für den Teig
250 g weiche Butter oder Margarine	mit Handrührgerät mit Rührbesen auf höchster Stufe geschmeidig rühren, nach und nach
250 g Zucker	
1 Päckchen Vanillin-Zucker	unterrühren, so lange rühren, bis eine gebundene Masse entstanden ist
4 Eier	nach und nach unterrühren (jedes Ei etwa ½ Minute)
250 g Weizenmehl	mit
20 g Kakao	
1 Messerspitze gemahlenem Zimt	
3 gestrichenen TL Backin	mischen, sieben, eßlöffelweise auf mittlerer Stufe unterrühren, zuletzt
125 ml (⅛ l) Rotwein	
50 g aufgelöste Halbbitter-Kuvertüre	unterrühren, Teig in eine gefettete Napfkuchenform (∅ 22 cm) füllen
Ober-/Unterhitze	etwa 170 °C (vorgeheizt)
Heißluft	etwa 150 °C (nicht vorgeheizt)
Gas	etwa Stufe 3 (vorgeheizt)
Backzeit	50–60 Minuten
	Kuchen 10 Minuten in der Form stehen lassen, auf einen Kuchenrost stürzen, erkalten lassen.
	Für den Guß
100 g Puderzucker	sieben, mit
etwas Rotwein	zu einer dünnflüssigen Masse verrühren, den erkalteten Kuchen damit überziehen.

Kuchen/Torten

Weihnachts-Apfeltorte

Für den Nußbiskuitteig

7 Eigelb	
180 g Zucker	
1 Päckchen Vanillin-Zucker	mit Handrührgerät mit Rührbesen auf höchster Stufe in etwa 5 Minuten schaumig schlagen
300 g gemahlene Haselnußkerne	mit
50 g Speisestärke Gustin	mischen, kurz auf niedrigster Stufe unterrühren
7 Eiweiß	steif schlagen, vorsichtig unterziehen (nicht rühren) den Teig in eine Springform ($\varnothing$ 26 cm, Boden gefettet, mit Backpapier belegt) füllen
Ober-/Unterhitze	160–170 °C (vorgeheizt)
Heißluft	130–150 °C (nicht vorgeheizt)
Gas	Stufe 2–3 (nicht vorgeheizt)
Backzeit	etwa 1 Stunde den Boden aus der Form lösen, auf einen Kuchenrost stürzen, auskühlen lassen.

Für die Apfelcreme

750 g Äpfel	schälen, vierteln, entkernen, in kleine Stücke schneiden, mit
100 g Zucker	
1 Päckchen Bourbon Vanille-Zucker	
4 EL Zitronensaft	gar dünsten lassen
4 EL Calvados	unterrühren, die Äpfel auf ein Sieb geben, abkühlen lassen
250 ml (¼ l) Milch	
100 ml Schlagsahne	
50 g Zucker	
1 Prise Salz	zum Kochen bringen
40 g Speisestärke Gustin	mit
2 Eigelb	
4 EL Milch	glattrühren, in die kochende, von der Kochstelle genommene Milch rühren, kurz aufkochen, erkalten lassen, ab und zu umrühren die Creme (2 Eßlöffel zurücklassen) mit den Apfelstücken vorsichtig vermengen

(Fortsetzung Seite 74)

den Nußboden einmal waagerecht durchschneiden
die Apfelcreme auf den unteren Boden streichen, mit
dem oberen Boden bedecken, gut andrücken
die Oberfläche der Torte mit der zurückgelassenen
Creme (2 Eßlöffel) bestreichen.

Für die Marzipandecke

400 g Marzipan-
Rohmasse mit
120 g gesiebtem
Puderzucker verkneten, gut ⅔ davon zwischen Sichtfolie zu einer
Platte (∅ 32 cm) ausrollen, vorsichtig über die Torte
legen, gut andrücken, den unteren Rand gerade
schneiden.

Zum Garnieren
einen Teil der restlichen Marzipanmasse mit roter
Speisefarbe einfärben, Äpfel daraus formen, das rest-
liche Marzipan mit gelber Speisefarbe einfärben,
dünn ausrollen, Sterne ausstechen, Torte leicht mit
Puderzucker bestäuben, mit Marzipanäpfeln und -sternen
garnieren.

Aprikosenzopf

Für den Teig
375 g Weizenmehl in eine Rührschüssel sieben, mit
1 Päckchen Trocken-
Backhefe sorgfältig vermischen
50 g Zucker
1 Päckchen Vanillin-Zucker
1 Prise Salz, 1 Ei
200 ml lauwarme Milch
50 g zerlassene,
abgekühlte Butter hinzufügen
die Zutaten mit Handrührgerät mit Knethaken zunächst auf niedrigster, dann auf höchster Stufe in
etwa 5 Minuten zu einem Teig verarbeiten, den Teig
an einem warmen Ort so lange gehen lassen, bis er
sich sichtbar vergrößert hat.

Für die Füllung

200 g Marzipan-Rohmasse mit
2 Eigelb
2 EL Aprikosen-Konfitüre
4 EL Aprikosen-Likör verrühren
200 g getrocknete
Aprikosen würfeln, zusammen mit
100 g abgezogenen,
gehobelte Mandeln unterheben
beide Zutaten unterheben
den gegangenen Teig aus der Schüssel nehmen, auf
der Arbeitsfläche nochmals gut durchkneten
den Teig zu einem Rechteck (40 x 30 cm) ausrollen,
mit der Füllung bestreichen (Ränder frei lassen)
von der langeren Seite her aufrollen
auf ein mit Backpapier belegtes Backblech legen
die Rolle der Länge nach mit einem scharfen Messer
durchschneiden, beide Stränge – in der Mitte be-
ginnend – umeinanderschlingen, die Enden gut
zusammmendrücken.

Zum Bestreichen

1 Eigelb mit
2 EL Milch verschlagen, den Zopf damit bestreichen, abgedeckt
nochmals so lange an einem warmen Ort gehen
lassen, bis er sich sichtbar vergrößert hat
Ober-/Unterhitze 170–200 °C (vorgeheizt)
Heißluft 150–180 °C (nicht vorgeheizt)
Gas Stufe 3–4 (vorgeheizt)
Backzeit etwa 40 Minuten.

Zum Aprikotieren

4 EL Aprikosen-Konfitüre
(durch ein Sieb gestrichen) mit
1–2 EL Wasser unter Rühren kurz aufkochen lassen
das Gebäck sofort nach dem Backen damit bestreichen,
erkalten lassen.

Kuchen/Torten

Englischer Weihnachtskuchen

Für den Teig

250 g weiche Butter oder Margarine mit Handrührgerät mit Rührbesen auf höchster Stufe geschmeidig rühren, nach und nach

250 g Farinzucker
1 Päckchen Bourbon Vanille-Zucker
1 Beutel Rum-Aroma
½ Fläschchen Backöl Zitrone
3 EL Rum
abgeriebene Schale von 1 Zitrone (unbehandelt)
½ TL gemahlenen Zimt
1 Messerspitze geriebene Muskatnuß unterrühren, so lange rühren, bis eine gebundene Masse entstanden ist

5 Eier nach und nach unterrühren (jedes Ei etwa ½ Minute)
250 g Weizenmehl mit
1 gestrichenen TL Backin mischen, sieben, eßlöffelweise auf mittlerer Stufe unterrühren, zuletzt

300 g verlesene Rosinen
300 g verlesene Korinthen
100 g feingehacktes Zitronat (Sukkade)
100 g feingehacktes Orangeat
50 g abgezogene, gehackte Mandeln
150 g rote, in Stücke geschnittene Belegkirschen unterrühren, den Teig in eine Springform (⌀ 24 cm, Boden gefettet) füllen

Ober-/Unterhitze 150–160 °C (vorgeheizt)
Heißluft etwa 130 °C (nicht vorgeheizt)
Gas Stufe 2–3 (nicht vorgeheizt)
Backzeit etwa 2¾ Stunden
das Gebäck aus der Form lösen.

(Fortsetzung Seite 78)

Kuchen/Torten

	Zum Aprikotieren
4 EL Aprikosen-Konfitüre	durch ein Sieb streichen, das Gebäck sofort nach dem Backen damit bestreichen, erkalten lassen.
	Für die Marzipandecke und den Marzipanrand
200 g Marzipan-Rohmasse	mit
100 g gesiebtem Puderzucker	verkneten, dünn ausrollen, eine Platte (∅ 24 cm) daraus schneiden, auf das Gebäck legen, aus dem Marzipanrest einen Streifen in Höhe des Gebäckrandes schneiden, um das Gebäck legen.
	Für den Guß
300 g gesiebten Puderzucker	mit soviel von
1–2 Eiweiß	verrühren, daß ein dickflüssiger Guß entsteht das Gebäck damit überziehen, nach Belieben mit
kandierten Früchten	
Zitronat	garnieren.

Apfel-Makronen-Torte

	Für den Teig
100 g weiche Butter	mit Handrührgerät mit Rührbesen auf höchster Stufe geschmeidig rühren, nach und nach
100 g Zucker	
1 Päckchen Vanillin-Zucker	
1 Prise Salz	unterrühren, so lange rühren, bis eine gebundene Masse entstanden ist
2 Eier	nach und nach unterrühren (jedes Ei etwa ½ Minute)
1 TL gemahlenen Zimt	unterrühren
2–3 EL Rum	
150 g Weizenmehl	mit
1 gestrichenen TL Backin	mischen, sieben, eßlöffelweise auf mittlerer Stufe unterrühren
	den Boden einer Springform (∅ 26 cm) fetten, mit
30 g abgezogenen, gemahlenen Mandeln	bestreuen, den Teig einfüllen, glattstreichen.

(Fortsetzung Seite 80)

Kuchen/Torten

Für den Belag
2 Äpfel (etwa 400 g) schälen, vierteln, entkernen, achteln, auf den Teig
legen.

Für die Makronenmasse
4 Eiweiß mit Handrührgerät mit Rührbesen auf höchster Stufe
steif schlagen, nach und nach
**200 g gesiebten
Puderzucker** unterschlagen, zuletzt
**2 TL gemahlenen Zimt
200 g abgezogene,
gemahlene Mandeln** vorsichtig unterrühren
die Masse in der Form verteilen
die Form mit Alufolie abdecken (glänzende Seite
nach innen)
Ober-/Unterhitze etwa 180 °C (vorgeheizt)
Heißluft etwa 160 °C (nicht vorgeheizt)
Gas etwa Stufe 3 (nicht vorgeheizt)
Backzeit etwa 70 Minuten (nach etwa 45 Minuten Backzeit
Folie entfernen)
den Kuchen aus der Form lösen, auf einem Kuchenrost
erkalten lassen.

Zum Verzieren
3 Blatt weiße Gelatine in
etwas kaltem Wasser 10 Minuten einweichen, ausdrücken, auflösen
**400–500 ml (½ l)
Schlagsahne** fast steif schlagen
die lauwarme Gelatinelösung unterrühren
die Sahne vollkommen steif schlagen
den Rand und die Oberfläche der Torte mit der Sahne
bestreichen, wellenförmig verzieren, kalt stellen
die Torte kurz vor dem Verzehr mit
Zimt bestreuen, nach Belieben mit
Zuckerperlen garnieren.

Zimt-Mandel-Kuchen

250 g getrocknete, gewürfelte Pflaumen	mit
125 ml (⅛ l) Armagnac oder Cognac	übergießen, am besten über Nacht stehen lassen.
	Für den Teig
175 g weiche Butter oder Margarine	mit Handrührgerät mit Rührbesen auf höchster Stufe geschmeidig rühren, nach und nach
175 g Zucker **1 Päckchen Vanillin-Zucker** **1 EL gemahlenen Zimt**	unterrühren, so lange rühren, bis eine gebundene Masse entstanden ist
4 Eier	nach und nach unterrühren (jedes Ei etwa ½ Minute)
175 g Weizenmehl	mit
2 gestrichenen TL Backin	mischen, sieben, eßlöffelweise auf mittlerer Stufe unterrühren, zuletzt
200 g nicht abgezogene, gemahlene Mandeln	und die Pflaumen (mit Flüssigkeit) unterrühren den Teig in eine gefettete Kastenform (25 x 11 cm) oder Napfkuchenform (∅ 22 cm) füllen
Ober-/Unterhitze	150–170 °C (vorgeheizt)
Heißluft	130–150 °C (nicht vorgeheizt)
Gas	Stufe 2–3 (nicht vorgeheizt)
Backzeit	60–70 Minuten den Kuchen etwa 10 Minuten in der Form stehen lassen, vorsichtig herausnehmen, abkühlen lassen.
	Für die Canache
75 ml (5 EL) Schlagsahne	in einem kleinen Topf zum Kochen bringen, gut auf- kochen lassen, von der Kochstelle nehmen
150 g gehackte weiße Kuvertüre	unter Rühren in der Sahne auflösen, in eine Rühr- schüssel geben, mit Handrührgerät mit Rührbesen in 2–3 Minuten zu einer streichfähigen Masse schlagen Kuchen damit überziehen, Canache fest werden lassen.

Baumkuchenschnitten

5 Eiweiß	steif schlagen
250 g weiche Butter	mit Handrührgerät mit Rührbesen auf höchster Stufe geschmeidig rühren
200 g Zucker	
1 Päckchen Vanillin-Zucker	
5 Eigelb	nach und nach hinzufügen (jedes Eigelb etwa 1/2 Minute)
125 g Weizenmehl	mit
75 g Speisestärke Gustin	mischen, sieben, mit
100 g abgezogenen, gemahlenen Mandeln	vermengen, eßlöffelweise auf mittlerer Stufe unter den Teig rühren
je 1 Messerspitze gemahlenen Kardamom und Zimt	
1 EL Rosenwasser	
1 EL Rum	hinzufügen, zum Schluß den Eischnee vorsichtig unterheben
	1/2 Backblech mit Backpapier belegen, eine dünne Teigschicht mit dem Teigschaber aufstreichen
Ober-/Unterhitze	etwa 220 °C (vorgeheizt)
Heißluft	etwa 200 °C (nicht vorgeheizt)
Gas	etwa Stufe 4 (vorgeheizt)
Backzeit	etwa 5 Minuten
	das Backblech herausnehmen, eine zweite Schicht aufstreichen, nochmals backen
	auf diese Weise nacheinander 6–8 Schichten backen
	das Gebäck aus dem Backofen nehmen, auf die Arbeitsplatte stürzen, das Backpapier abziehen, sofort in Rechtecke schneiden, abkühlen lassen
200 g Kuvertüre	in kleine Stücke schneiden, in einem kleinen Topf im Wasserbad bei schwacher Hitze geschmeidig rühren
	die Baumkuchenschnitten mit einer Gabel in die Kuvertüre tauchen, abtropfen lassen, auf ein Kuchengitter setzen
	mit einer Gabel Linien auf die Oberfläche drücken, trocknen lassen, in einer gut schließenden Dose aufbewahren.

Kuchen/Torten

Thüringer Mohnkuchen

	Für den Teig
300 g Weizenmehl	in eine Rührschüssel sieben, mit
1 Päckchen Trocken-Backhefe	sorgfältig vermischen
50 g Zucker	
1 Päckchen Vanillin-Zucker	
1 Prise Salz	
75 g zerlassene, abgekühlte Butter	
200 ml lauwarme Milch	hinzufügen, alle Zutaten mit Handrührgerät mit Knethaken zunächst auf niedrigster, dann auf höchster Stufe in etwa 5 Minuten zu einem glatten Teig verarbeiten Teig so lange an einem warmen Ort gehen lassen, bis er sich sichtbar vergrößert hat.
	Für den Belag
250 g gemahlenen Mohn	mit heißem Wasser übergießen, auf einem Sieb gut abtropfen lassen
1 Päckchen Pudding-Pulver Vanille-Geschmack	mit
50 g Grieß	
200 g Zucker	mischen, mit 8 Eßlöffeln von
750 ml (¾ l) kalter Milch	anrühren, die übrige Milch zum Kochen bringen, von der Kochstelle nehmen, die angerührte Mischung unter Rühren hineingeben, kurz aufkochen lassen, Mohn,
50 g verlesene Rosinen	
2–3 Tropfen Backöl Zitrone	unterrühren den gegangenen Teig auf der Arbeitsfläche nochmals gut durchkneten, in einer gefetteten Fettpfanne (etwa 38 x 32 cm) ausrollen die Hälfte der Mohnmasse auf den Teig streichen, unter den Rest
2 Eigelb	rühren
2 Eischnee	steif schlagen, vorsichtig unterziehen, auf die Mohnmasse streichen Teig nochmals an einem warmen Ort gehen lassen

84

Ober-/Unterhitze	200–220 °C (vorgeheizt)
Heißluft	180–200 °C (nicht vorgeheizt)
Gas	Stufe 3–4 (vorgeheizt)
Backzeit	25–30 Minuten.

Würziger Honigkuchen

175 g Honig	kurz aufkochen lassen, kalt stellen
200 g Zucker	mlt
1 Päckchen Vanillin-Zucker	
3 Eiern	
1 gut gehäuften TL gemahlenem Zimt	
1 Messerspitze gemahlenen Nelken	
abgeriebener Schale von ½ Zitrone (unbehandelt)	nach und nach mit Handrührgerät mit Rührbesen auf höchster Stufe unterrühren
500 g Weizenmehl	mit
1 Päckchen Backin	mischen, sieben, eßlöffelweise auf mittlerer Stufe unterrühren, den Teig auf ein gefettetes Backblech geben, leicht mit Mehl bestäuben, etwa 1 cm dick ausrollen, in Abständen so mit
etwa 100 g geviertelten Walnußkernen	belegen, daß sich nach dem Schneiden die Nüsse in der Mitte der einzelnen Stücke befinden (Größe nach Belieben)
Ober-/Unterhitze	170–200 °C (vorgeheizt)
Heißluft	150–180 °C (nicht vorgeheizt)
Gas	Stufe 3–4 (vorgeheizt)
Backzeit	15–20 Minuten.
	Für den Guß
50 g Zucker	mit
2 EL Wasser	zum Kochen bringen, unter ständigem Rühren etwa 1 Minute kochen lassen das noch warme Gebäck mit dem Guß bestreichen nach dem Erkalten in Stücke schneiden.

Gefüllter Honigkuchen

Für den Teig

200 g Honig oder Sirup	mit
100 g Zucker	
1 Prise Salz	
50 g Butter	
oder Margarine	
1 EL Wasser	langsam erwärmen, zerlassen, in eine Rührschüssel geben, kalt stellen, unter die fast erkaltete Masse mit Handrührgerät mit Rührbesen auf höchster Stufe
1 Ei	
1 gestrichenen TL	
gemahlenen Zimt	
2 Tropfen Backöl	
Bittermandel	rühren
500 g Weizenmehl	mit
1 Päckchen Backin	mischen, sieben, 2/3 davon eßlöffelweise auf mittlerer Stufe unterrühren, den Teigbrei mit dem Rest des Mehls auf der Arbeitsfläche zu einem glatten Teig verarbeiten, sollte er kleben, noch etwas Mehl hinzugeben, 2/3 des Teiges auf einem gefetteten Backblech ausrollen (reicht für 3/4 eines Blechs), an den Seiten etwas hochdrücken den übrigen Teig passend zu einer Decke ausrollen, mit Papier aufwickeln, beiseite legen den Teig gleichmäßig mit
etwa 375 g nicht zu süßer Konfitüre (am besten Pflaumenmus)	bestreichen, die Teigdecke darauf legen, mit einer Gabel mehrmals einstechen
Ober-/Unterhitze	200–220 °C (vorgeheizt)
Heißluft	180–200 °C (nicht vorgeheizt)
Gas	Stufe 3–4 (vorgeheizt)
Backzeit	etwa 15 Minuten.

Für den Guß

100 g Puderzucker	sieben, mit
2 EL Zitronensaft	glattrühren, so daß eine dickflüssige Masse entsteht, sofort nach dem Backen Gebäck damit bestreichen, in gleichmäßige Streifen (3 x 9 cm) schneiden.

Bûche de Noël

Für den Teig

3 Eier	
3 Eigelb	
1 EL heißes Wasser	mit Handrührgerät mit Rührbesen auf höchster Stufe in 1 Minute schaumig schlagen
75 g Zucker	mit
1 Päckchen Vanillin-Zucker	mischen, in 1 Minute einstreuen, dann noch etwa 2 Minuten schlagen, mit
60 g Weizenmehl	
15 g Speisestärke Gustin	
1 Messerspitze Backin	mischen, sieben, auf die Eiercreme sieben, kurz auf niedrigster Stufe unterrühren den Teig auf ein mit Backpapier belegtes Backblech streichen, das Papier unmittelbar vor dem Teig zur Falte knicken, so daß ein Rand entsteht
Ober-/Unterhitze	200–220 °C (vorgeheizt)
Heißluft	180–200 °C (nicht vorgeheizt)
Gas	Stufe 3–4 (vorgeheizt)
Backzeit	etwa 10 Minuten.

Zum Bestreichen

125 ml (⅛ l) Orangensaft	mit
75 g Zucker	unter Rühren etwa 5 Minuten einkochen lassen den Biskuit nach dem Backen auf ein mit
Zucker	bestreutes Geschirrtuch stürzen, das Backpapier mit kaltem Wasser bestreichen, vorsichtig, aber schnell abziehen, den Biskuit sofort mit dem Orangenzucker bestreichen, mit dem Geschirrtuch von der längeren Seite her aufrollen.

Für die Creme

200 g Zucker	mit
4 EL Wasser	einkochen und abkühlen lassen
5 Eigelb	schaumig rühren, mit dem erkalteten Zuckersirup verrühren
50 g Kuvertüre	in einem kleinenTopf im Wasserbad bei schwacher Hitze zu einer geschmeidigen Masse verrühren, abkühlen lassen
250 g weiche Butter	geschmeidig rühren, die Kuvertüre,

Kuchen/Torten

30 g gesiebten Kakao	unterrühren, die Eigelbmasse nach und nach unterrühren die ausgekühlte Rolle vorsichtig auseinanderrollen, mit der Hälfte der Creme bestreichen, wieder aufrollen, die Rolle mit der übrigen Creme bestreichen, mit Hilfe einer Gabel verzieren.
	Zum Garnieren
50 g Marzipan-Rohmasse	mit
25 g gesiebtem Puderzucker	verkneten, Pilze und Blätter daraus formen, die Pilze leicht mit
Kakao	bestäuben, die Rolle damit garnieren.

Streifentorte

	Für den Teig
350 g weiche Butter oder Margarine	mit Handrührgerät mit Rührbesen auf höchster Stufe geschmeidig rühren, nach und nach
350 g Zucker **1 Päckchen Vanillin-Zucker** **½ Fläschchen Rum-Aroma**	unterrühren, so lange rühren, bis eine gebundene Masse entstanden ist
7 Eier	nach und nach unterrühren (jedes Ei etwa ½ Minute)
175 g Weizenmehl	mit
175 g Speisestärke Gustin **1 Messerspitze Backin**	mischen, sieben, eßlöffelweise auf mittlerer Stufe unterrühren, die Teigmenge für 12 Böden einteilen, jeweils auf einen gefetteten Boden einer Springform (∅ 28 cm) streichen, jeden Boden ohne Springformrand backen, bis er hellbraun ist
Ober-/Unterhitze	170–200 °C (vorgeheizt)
Heißluft	150–180 °C (nicht vorgeheizt)
Gas	Stufe 3–4 (vorgeheizt)
Backzeit für jeden Boden	etwa 8 Minuten sofort nach dem Backen die Böden vom Springformrand lösen, erkalten lassen.

(Fortsetzung Seite 90)

Kuchen/Torten

Für die Füllung

500 g rotes Johannisbeer-Gelee durch ein Sieb streichen, die Böden damit bestreichen, zu einer Torte zusammensetzen, die oberste Schicht soll ein Boden sein
die Torte beschweren (am besten über Nacht), sie schmeckt am besten, wenn sie gut durchgezogen ist
die Torte kurz vor dem Verzehr in schmale Streifen schneiden.

Tip Die Torte in Alufolie verpackt aufbewahren.

Früchtebrot

3 Eier mit Handrührgerät mit Rührbesen auf höchster Stufe schaumig schlagen, nach und nach

125 g Zucker
1 Päckchen Vanillin-Zucker hinzugeben, so lange schlagen, bis eine cremeartige Masse entstanden ist

½ Fläschchen Rum-Aroma
1 Messerspitze gemahlenen Zimt unterrühren
125 g Haselnußkerne halbieren
125 g getrocknete Feigen in Würfel schneiden
250 g Rosinen verlesen, Haselnußkerne, Feigen und Rosinen zusammen mit

60 g abgezogenen, gehackten Mandeln
125 g gewürfeltem Zitronat (Sukkade) unter die Eiermasse rühren
125 g Weizenmehl mit
50 g Speisestärke Gustin
1 gestrichenen TL Backin mischen, sieben, unterrühren
den Teig in eine gefettete, mit Backpapier ausgelegte Kastenform (30 x 11 cm) füllen

Ober-/Unterhitze 170–200 °C (vorgeheizt)
Heißluft 160–180 °C (nicht vorgeheizt)
Gas Stufe 3–4 (nicht vorgeheizt)
Backzeit 70–90 Minuten.

Marzipan-Quarkstollen

375 g verlesene Rosinen	mit
100 ml Rum	übergießen, durchziehen lassen (am besten über Nacht).
	Für den Teig
375 g Weizenmehl	mit
4 gestrichenen TL Backin	mischen, in eine Rührschüssel sieben
125 g Zucker	
1 Päckchen Vanillin-Zucker	
1 Fläschchen Butter-Vanille-Aroma	
je 1 Messerspitze gemahlenen Kardamom und gemahlene Muskatblüte	
abgeriebene Schale von ½ Orange (unbehandelt)	
200 g Speisequark	
1 Ei	
1 Eigelb	
150 g weiche Butter oder Margarine	hinzufügen
	die Zutaten mit Handrührgerät mit Knethaken zunächst kurz auf niedrigster, dann auf höchster Stufe in etwa 5 Minuten gut durcharbeiten, anschließend auf die Arbeitsfläche geben
	evtl. leicht mit Mehl bestäuben, eine Mulde in den Teig drücken
100 g feingehacktes Zitronat (Sukkade)	
200 g abgezogene, gemahlene Mandeln	und die Rum-Rosinen hinzufügen, zu einem glatten Teig verkneten, den Teig zu einem Rechteck (30 x 20 cm) ausrollen.

Kuchen/Torten

Für die Füllung

200 g Marzipan-Rohmasse gut durchkneten, zu einem Rechteck (30 x 15 cm) ausrollen, das Marzipan so auf den Teig legen, daß an den Längsseiten etwas Teig frei bleibt, Teig von der längeren Seite nicht zu locker aufrollen, zu einem Stollen formen, auf mit Backpapier (dreifach, der Stollen wird sonst unten zu dunkel) belegtes Backblech legen

Ober-/Unterhitze auf 250 °C vorheizen, backen bei 160–180 °C

Heißluft auf etwa 200 °C vorheizen, backen bei etwa 150 °C

Gas Stufe 2–3 (vorgeheizt)

Backzeit 50–60 Minuten

Stollen sofort nach dem Backen mit der Hälfte von

100 g zerlassener Butter bestreichen, mit

Puderzucker bestäuben, etwas abkühlen lassen, den Vorgang wiederholen.

Honigkranz „Liegnitzer Art"

Für den Teig

400 g Honig mit

250 g Zucker

1 Päckchen Vanillin-Zucker

150 g Butter

6 EL Milch langsam erwärmen, zerlassen in eine Rührschüssel geben, kalt stellen unter die fast erkaltete Masse nach und nach mit Handrührgerät mit Rührbesen auf höchster Stufe

3 Eier

1 Fläschchen Rum-Aroma

3 Tropfen Backöl Bittermandel

1 TL gemahlenen Zimt

½ TL gemahlenen Ingwer

je 1 Messerspitze gemahlenen Kardamom, gemahlene Muskatblüte, gemahlene Nelken rühren

(Fortsetzung Seite 94)

Kuchen/Torten

500 g Weizenmehl	mit
1 Päckchen Backin	mischen, sieben, eßlöffelweise auf mittlerer Stufe unterrühren
150 g Walnußkerne	
150 g getrocknete Aprikosen	
150 g getrocknete Feigen	
150 g getrocknete Datteln (ohne Steine)	in kleine Stücke schneiden, zuletzt unterrühren den Teig in eine gefettete Kranzform (∅ etwa 26 cm) füllen
Ober-/Unterhitze	170–200 °C (vorgeheizt)
Heißluft	150–180 °C (nicht vorgeheizt)
Gas	Stufe 2–3 (vorgeheizt)
Backzeit	etwa 75 Minuten nach Belieben das Gebäck mit
halbierten Walnußkernen	verzieren.

Stollen mit Kokosraspeln

500 g Weizenmehl	in eine Rührschüssel sieben, mit
1 Päckchen Trocken-Backhefe	sorgfältig vermischen
100 g Zucker	
1 Päckchen Vanillin-Zucker	
1 Prise Salz	
100 g Kokosraspel	
1 Ei	
125 ml (⅛ l) lauwarme Milch	
150 g zerlassene, abgekühlte Butter	hinzufügen, alles mit Handrührgerät mit Knethaken zuerst auf niedrigster, dann auf höchster Stufe in etwa 5 Minuten zu einem Teig verarbeiten, abgedeckt so lange an einem warmen Ort stehen lassen, bis er sich sichtbar vergrößert hat.

Kuchen/Torten

	Für die Füllung
75 g abgezogene Mandeln	
75 g Haselnußkerne	
	beide Zutaten grob hacken
100 g entsteinte, getrocknete Pflaumen	
100 g getrocknete Aprikosen	
	beide Zutaten fein schneiden
	die vier Zutaten mit
100 g Marzipan-Rohmasse	
50 g Kokosraspeln	
100 g flüssiger Sahne	zu einer einheitlichen Masse verarbeiten

den gegangenen Teig aus der Schüssel nehmen, auf der leicht bemehlten Arbeitsfläche nochmals gut durchkneten, zu einem Rechteck (40 x 30 cm) ausrollen, mit Füllung bestreichen (an den langen Rändern etwa 2 cm frei lassen), von der längeren Seite her aufrollen, zu einem Stollen formen

auf ein mit Backpapier (dreifach, der Stollen wird sonst unten zu dunkel) belegtes Backblech legen

den Teig nochmals gehen lassen, bis er sich sichtbar vergrößert hat

Ober-/Unterhitze	170–200 °C (vorgeheizt)
Heißluft	160–170 °C (nicht vorgeheizt)
Gas	Stufe 3–4 (vorgeheizt)
Backzeit	etwa 50 Minuten.

	Zum Bestreichen
100 g Butter	zerlassen, etwas abkühlen lassen

sofort nach dem Backen den Stollen damit bestreichen, mit

100 g leicht gebräunten Kokosraspeln	bestreuen.
Tip	Zu diesem Stollen paßt ein heißer Tee- oder Kaffeepunsch.

Sterntalertorte

	Für den Knetteig
100 g Weizenmehl	in eine Rührschüssel sieben
30 g Zucker	
1 Päckchen Vanillin-Zucker	
1 Eigelb, 1 EL saure Sahne	
50 g weiche Butter	hinzufügen, die Zutaten mit Handrührgerät mit Knethaken kurz auf niedrigster, dann auf höchster Stufe gut durcharbeiten, anschließend auf der Arbeitsfläche zu einem glatten Teig verkneten den Teig auf dem gefetteten Boden einer Springform (∅ 24 cm) ausrollen, mehrmals mit einer Gabel einstechen, den Springformrand darum geben
Ober-/Unterhitze	200–220 °C (vorgeheizt)
Heißluft	180–200 °C (nicht vorgeheizt)
Gas	Stufe 3–4 (vorgeheizt)
Backzeit	etwa 15 Minuten sofort nach dem Backen den Tortenboden vom Springformboden lösen, darauf erkalten lassen, dann auf eine Tortenplatte legen.
	Für den Rührteig
100 g Halbbitter-Kuvertüre	in kleine Stücke schneiden, in einem kleinen Topf im Wasserbad zu einer geschmeidigen Masse verrühren, abkühlen lassen
100 g weiche Butter	mit Handrührgerät mit Rührbesen geschmeidig rühren, nach und nach
1 Päckchen Vanillin-Zucker	
50 g Zucker, 4 Eigelb	
je 1 Prise Nelken-, Zimt-, Anispulver, Muskatnuß	unterrühren, bis eine gebundene Masse entstanden ist, die abgekühlte Kuvertüre unterrühren
4 Eiweiß	steif schlagen, auf die Creme geben
100 g Weizenmehl	mit
1 gehäuften TL Backin	mischen, sieben, zusammen mit
50 g abgezogenen, gemahlenen Mandeln	kurz auf niedrigster Stufe unterrühren den Teig in eine Springform (∅ 24 cm, Boden gefettet, mit Backpapier belegt) füllen

(Fortsetzung Seite 98)

Kuchen/Torten

Ober-/Unterhitze	170–200 °C (vorgeheizt)
Heißluft	150–180 °C (nicht vorgeheizt)
Gas	Stufe 3–4 (vorgeheizt)
Backzeit	35–40 Minuten
	den Boden aus der Form lösen, stürzen, erkalten lassen, zweimal durchschneiden.

Für die Buttercreme

½ Päckchen Pudding-Pulver Vanille-Geschmack	
30 g Zucker, 1 Eigelb	mit 5 Eßlöffeln von
250 ml (¼ l) kalter Milch	anrühren, die übrige Milch zum Kochen bringen, von der Kochstelle nehmen, das angerührte Pudding-Pulver unter Rühren hineingeben, kurz aufkochen lassen, abdecken, erkalten lassen
150 g weiche Butter	geschmeidig rühren, den abgekühlten Pudding eßlöffelweise unterrühren.

Zum Bestreichen

200 g Aprikosen-Konfitüre	mit
3–4 EL Aprikosen-Likör	unter Rühren zum Kochen bringen, etwas einkochen lassen, Knetteigboden mit ⅓ davon bestreichen, mit unterem Biskuitboden belegen, zunächst Konfitüre, dann Buttercreme daraufstreichen, mit dem mittleren Boden bedecken, mit Konfitüre und Creme bestreichen, oberen Boden auflegen, kalt stellen.

Für den Guß

150 g Halbbitter-Kuvertüre	in Stücke schneiden, mit
15 g Kokosfett	in einem kleinen Topf im Wasserbad bei schwacher Hitze zu einer geschmeidigen Masse verrühren die Torte mit der restlichen Konfitüre bestreichen, mit dem Guß überziehen, etwas antrocknen lassen.

Für die Marzipansterne

70 g Marzipan-Rohmasse	mit
30 g gesiebtem Puderzucker	
gesiebtem Puderzucker	verkneten, dünn auf ausrollen, Sterne von beliebiger Größe ausstechen, auf die Torte legen, Guß fest werden lassen, Torte kurz vor dem Servieren mit Puderzucker bestäuben.

Honigbrot

Für den Teig

250 g Honig	mit
200 g Zucker	
65 g Butter	
125 ml (⅛ l) Malzbier	langsam erwärmen, zerlassen, in eine Rührschüssel geben, kalt stellen, unter die fast erkaltete Masse mit Handrührgerät mit Rührbesen auf höchster Stufe
je ½ gestrichenen TL gemahlenen Kardamom, gemahlene Nelken	
1 gestrichenen TL gemahlenen Zimt	
1 Ei	
1 Fläschchen Rum-Aroma	
1 Beutel Zitronen-Aroma	
3 Tropfen Backöl Bittermandel	rühren
500 g Weizenmehl	mit
1 Päckchen Backin	mischen, sieben, eßlöffelweise auf mittlerer Stufe unterrühren
	den Teig gut 1 cm dick auf ein gefettetes Backblech streichen, einen mehrfach umgeknickten Streifen Alufolie vor den Teig legen
Ober-/Unterhitze	170–200 °C (vorgeheizt)
Heißluft	150–180 °C (nicht vorgeheizt)
Gas	Stufe 3–4 (vorgeheizt)
Backzeit	etwa 20 Minuten.

Für den Guß

100 g Puderzucker	sieben, mit
etwa 2 EL heißem Wasser	glattrühren, so daß eine dickflüssige Masse entsteht, das Gebäck sofort nach dem Backen damit bestreichen, in etwa 5 x 6 cm große Stücke schneiden das erkaltete Honigbrot in einer gut schließenden Blechdose aufbewahren.

Konfekt

Der Advent ist die Zeit der Einladungen, des gemütlichen Beisammenseins. Hier ein fröhliches Kaffeekränzchen, dort eine Verabredung zum trauten „tea for two". Was serviert man, was bringt man mit?

Überraschen Sie Ihre Gäste oder auch den Gastgeber einmal mit selbstgemachten Pralinen, mit feinem Konfekt aus der hauseigenen Konfiserie. Die Herstellung ist gar nicht so schwer, wie man glauben mag. Mit etwas Geschick und Geduld und natürlich unseren ausgeklügelten Rezepten gelingt Ihnen garantiert jedes Konfekt. Eigentlich unverständlich, daß man diese raffinierten Herrlichkeiten dann nur zu Weihnachten kredenzen soll ...

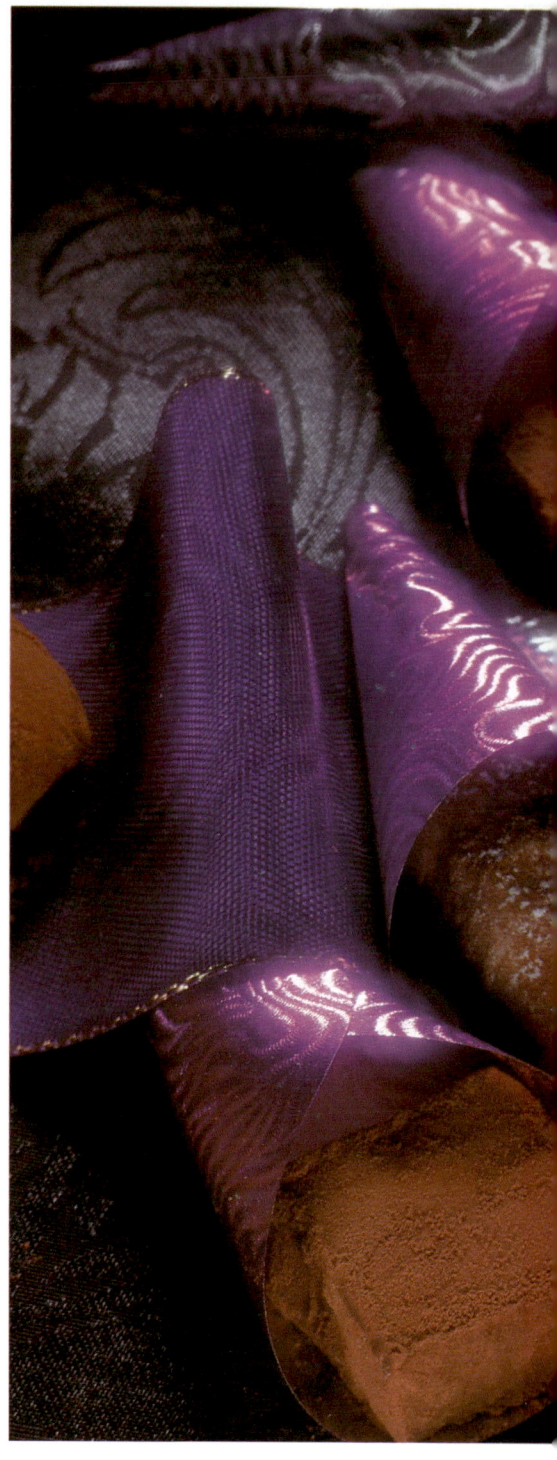

Konfekt

Zimt-Canache-Stangen
(Foto Seite 100/101)

100 ml Schlagsahne	zum Kochen bringen, von der Kochstelle nehmen
200 g Vollmilch-Kuvertüre	sehr fein schneiden, mit
25 g weicher Butter	
1 schwach gehäuften TL	
gemahlenem Zimt	zu der Sahne geben, unter Rühren auflösen, abkühlen lassen, bis die Masse halbfest ist, dann cremig aufschlagen, in einen Spritzbeutel mit weiter Lochtülle geben, Stangen von etwa 3 cm Länge auf Alufolie spritzen
2 EL Puderzucker	mit
½ TL gemahlenem Zimt	mischen, sieben, die Stangen darin wälzen, in gut schließenden Dosen kühl aufbewahren.

Schokoladen-Tee-Canache
(Foto Seite 100/101)

25 g schwarzen Tee	mit
125 ml (⅛ l)	
kochendem Wasser	übergießen, etwa 3 Minuten ziehen lassen, durch ein Sieb gießen
125 ml (⅛ l) Schlagsahne	zum Kochen bringen, von der Kochstelle nehmen Tee,
300 g Vollmilch-Kuvertüre	hinzufügen, Kuvertüre unter Rühren auflösen,
100 g weiche Butter	unterrühren die Masse im Kühlschrank fest werden lassen, gut durchschlagen, dabei
50 g heißes Kokosfett	unterschlagen die Masse etwa 1 cm dick auf ein mit Alufolie belegtes Brett streichen, im Kühlschrank fest werden lassen, anschließend mit einem in heißes Wasser getauchten, abgetrockneten Messer in Rechtecke von 1 x 3 cm schneiden die Rechtecke in
gesiebtem Kakao	wälzen, 2–3 Stunden in den Kühlschrank stellen Schokoladen-Tee-Canache in gut schließenden Dosen kühl aufbewahren.

Konfekt

Pistazien-Marzipan-Herzen

200 g Marzipan-Rohmasse 100 g gesiebtem Puderzucker 50 g gemahlenen Pistazienkernen 1 EL Kirsch- oder Marillenlikör	mit mit Handrührgerät mit Knethaken verkneten, die Masse auf
gesiebtem Puderzucker	etwa 1 cm dick ausrollen, mit einem Garnierausstecher Herzen ausstechen (die Ausstechförmchen jeweils vor- her in gesiebten Puderzucker tauchen) die Marzipan-Herzen vorsichtig aus der Form drücken (an der Form haftende Marzipanreste entfernen), die Marzipan-Herzen mit Alufolie abgedeckt 1–2 Stunden kühl stellen
150–200 g Halbbitter- Kuvertüre	in kleine Stücke schneiden, in einem kleinen Topf im Wasserbad bei schwacher Hitze geschmeidig rühren die Marzipan-Herzen einzeln in die Kuvertüre tauchen, auf einer schmalzinkigen Gabel herausheben, die Kuvertüre am Topfrand gut abstreifen, die Herzen auf Pergamentpapier setzen, mit
Pistazienkernen	garnieren, den Guß fest werden lassen.

Calvados-Pralinen

4 Apfelringe (getrocknet)	sehr fein würfeln, mit
3 EL Calvados	übergießen, zugedeckt 3–4 Stunden ziehen lassen
200 ml Schlagsahne	zum Kochen bringen, von der Kochstelle nehmen
250 g Kuvertüre	fein schneiden, zusammen mit
100 g Kokosfett	zu der Sahne geben, unter Rühren auflösen, abkühlen lassen, bis die Masse halbfest ist, dann cremig auf- schlagen die Apfelstücke mit dem Calvados unterrühren die Masse in einen Spritzbeutel mit weiter Sterntülle geben, Tuffs in
Pralinenförmchen	spritzen, mit
Pistazienstückchen	oder
Mandeln	garnieren.

Konfekt

Mandel-Ingwer-Krokant

250 g Zucker	in einem Topf schmelzen lassen
200 g Honig	
100 g weiche Butter	unter Rühren hinzufügen, so lange rühren, bis eine einheitliche Masse entstanden ist
250 g abgezogene, gehobelte Mandeln	
75–100 g fein gewürfelten Ingwer	unterrühren, die Masse zum Kochen bringen, einige Minuten unter ständigem Rühren kochen lassen ein Backblech gut mit
Speiseöl	bestreichen, die Masse 1–2 cm dick aufstreichen, etwas abkühlen lassen, in kleine Rauten, Dreiecke oder Rechtecke schneiden, erkalten lassen.
	Für den Guß
100 g Halbbitter-Kuvertüre	in einem kleinen Topf im Wasserbad bei schwacher Hitze geschmeidig rühren die Mandel-Ingwer-Krokant-Stücke jeweils mit 1 oder 2 Ecken hineintauchen, auf Pergamentpapier setzen, den Guß fest werden lassen Mandel-Ingwer-Krokant in gut schließenden Dosen kühl aufbewahren.

Glasierte Maronen

1 kg Maronen	in kochendes Wasser geben, 15 Minuten kochen, abschrecken, schälen
1 l Wasser	mit
2 kg Zucker	
Mark von 1 Vanilleschote	zu einem dicken Sirup kochen, Maronen hineingeben, 10 Minuten garen, in einer Schüssel 4 Stunden ziehen lassen, wieder zum Kochen bringen, bis zum nächsten Tag ziehen lassen diesen Vorgang an 5 darauffolgenden Tagen wiederholen, bis der Zucker gut aufgesogen ist Maronen vorsichtig herausnehmen, im Backofen bei schwacher Hitze trocknen lassen, in kleine Papierförmchen geben, trocken und kühl aufbewahren.

Konfekt

Konfekt

Walnuß-Aprikosen-Konfekt

125 g getrocknete Aprikosen	in sehr kleine Stücke schneiden, mit
3 EL Aprikot Brandy	übergießen, zugedeckt etwa 2 Stunden stehen lassen
200 g Marzipan-Rohmasse	hinzufügen, mit Handrührgerät mit Rührbesen gut verrühren
100 g gesiebten Puderzucker	unterkneten, aus der Masse etwa 2 cm dicke Rollen formen, in etwa ½ cm dicke Scheiben schneiden
100 g Kuvertüre	in kleine Stücke schneiden, in einem kleinen Topf im Wasserbad bei schwacher Hitze geschmeidig rühren jedes Marzipanstückchen hineintauchen, auf Pergamentpapier setzen, evtl. nochmals umsetzen, damit das Konfekt keine „Füßchen" bekommt das Konfekt mit
100 g Walnußkernhälften	garnieren, das Konfekt möglichst in kleine Papiermanschetten setzen, gut verschlossen aufbewahren.

Trüffelspitzen

150 g Zartbitter-Schokolade	
100 g Vollmilch-Schokolade	in Stücke brechen, mit
200 ml Schlagsahne	
100 g Kokosfett	unter Rühren erhitzen, bis eine glatte Masse entstanden ist, einmal kurz aufkochen lassen, in eine Schüssel geben
200 g kleingeschnittene Nuß-Nougat-Masse	hinzufügen, so lange rühren, bis die Nougatmasse sich mit der Schokoladenmasse verbunden hat, kalt stellen, während des Erkaltens ab und zu durchrühren die erkaltete Masse mit Handrührgerät mit Rührbesen durchrühren, bis sie etwas cremig wird, in kleinen Mengen in einen Spritzbeutel mit gezackter Tülle füllen, in
etwa 80 Metallrosetten	spritzen, mit
Pistazienkernen	garnieren die Trüffelspitzen in Alufolie oder Cellophan verpackt kühl aufbewahren.

Konfekt

Mozartkugeln

200 g kalte Nuß-
Nougat-Masse in kleine Würfel (1½ x 1½ cm) schneiden, zu Kugeln
formen, kalt stellen
200 g Marzipan-
Rohmasse mit Handrührgerät mit Knethaken geschmeidig rühren
2 EL Kirschwasser
10 g feingehackte
Pistazienkerne hinzufügen
125 g gesiebten
Puderzucker unterkneten
die Marzipanmasse zu einer etwa 2 cm dicken Rolle
formen, in so viele Stücke schneiden, wie Kugeln
vorhanden sind
die Marzipanstücke auf einer mit
Puderzucker bestäubten Arbeitsfläche flach auseinanderdrücken,
die Nougatkugeln darauflegen, die Marzipanmasse
darüber zusammenschlagen, an den Rändern gut
andrücken, zu Kugeln formen
100 g Speisefett-
Glasur nach Anleitung auflösen, die Mozartkugeln mit
2 Gabeln hineintauchen, auf ein enges Kuchengitter
oder auf Pergamentpapier setzen (bei der Verwendung von Pergamentpapier die Mozartkugeln
evtl. noch einmal umsetzen, damit sie keine
„Füßchen" bekommen), die Mozartkugeln in
Cellophantüten verpacken oder in verschlossenen
Glas- oder Porzellangefäßen kühl aufbewahren.

Cognactrüffel

6 cl Cognac mit
100 ml Schlagsahne erhitzen, aber nicht kochen lassen, von der Kochstelle
nehmen
50 g Butter
50 g Kokosfett hinzufügen, schmelzen lassen
150 g Vollmilch-Kuvertüre

(Fortsetzung Seite 110)

Konfekt

150 g Halbbitter-Kuvertüre

beide Zutaten in einem kleinen Topf im Wasserbad bei schwacher Hitze geschmeidig rühren, mit einem Schneebesen unter die Sahne-Fett-Masse rühren die Masse in eine mit Klarsichtfolie ausgelegte Glas- oder Metallform (20 x 15 cm) füllen, mit Folie abdecken, über Nacht kalt stellen, aus der Form stürzen, Folie abziehen, die Platte in Würfel schneiden jeden Würfel rasch zu einer Kugel formen, Kugeln und Masse zwischendurch kalt stellen.

Für den Guß

400 g Vollmilch-Kuvertüre in Stücke schneiden, in einem kleinen Topf im Wasserbad bei schwacher Hitze geschmeidig rühren Trüffel mit einer Pralinengabel in die Kuvertüre tauchen, abtropfen lassen, fest werden lassen, in

gesiebtem Kakao
gesiebtem Puderzucker wälzen.

Rosinen-Rum-Kugeln

100 g weiche Butter mit Handrührgerät mit Rührbesen geschmeidig rühren, nach und nach

100 g gesiebten
Puderzucker
1 Päckchen Vanillin-Zucker
300 g geriebene
Blockschokolade
3 EL Rum unterrühren, zum Schluß
125 g in Rum
eingelegte Rosinen hinzufügen, die Masse eine Zeitlang kalt stellen, kleine Kugeln daraus formen, in

100–150 g Schokoladen-
streuseln
(wahlweise Kakaopulver,
Kokosraspel oder
Puderzucker) wälzen

die Rumkugeln in Cellophantüten verpackt oder in verschlossenen Glas- oder Porzellangefäßen kühl aufbewahren.

Konfekt

Fruchtig-kerniges Marzipanbrot

50 g Marzipan-Rohmasse (mit Honig gesüßt)	mit
10 g abgezogenen, gehackten Mandeln	
10 g gehackten Walnußkernen	
1 TL Sesamsaat	
10 g feingehacktem Orangeat	
je 1 feingewürfelten Trockenpflaume und -aprikose	
1 getrockneten, fein- gewürfelten Apfelring	verkneten, die Masse zu einem Brot formen
20 g Edelbitter-Schokolade (mit Sucanat)	mit
etwas Kokosfett	in einem kleinen Topf im Wasserbad bei schwacher Hitze geschmeidig rühren, das Marzipanbrot damit bestreichen, im Kühlschrank fest werden lassen, in Cellophanpapier verpackt kühl aufbewahren, nach Belieben mit
Sesamsaat	
Marzipanmotiven	garnieren.

Französisches Quittenbrot

500 g Quittenmus	erhitzen
500 g Gelierzucker	einstreuen, unter Rühren eindicken lassen, bis sich die Masse vom Topfrand löst
2 EL Cognac	hineingeben, gut verrühren ein Backblech mit Backpapier auslegen, mit
Zucker	bestreuen, die Quittenmasse etwa 2 cm dick darauf- streichen etwa 1–2 Tage trocknen lassen
3 EL Hagelzucker	auf die Quittenmasse streuen, in Würfel schneiden, trocken aufbewahren.

Konfekt

Orangenblüten-Konfekt

200 g Marzipan-Rohmasse	mit
100 g gesiebtem Puderzucker	
1 TL getrockneten Orangenschalen	mit Handrührgerät mit Knethaken verkneten, gut ¼ der Masse in Alufolie wickeln, beiseite legen, unter die restliche Marzipanmasse
50 g feingehacktes Orangeat	
1–2 EL Orangenlikör	kneten eine Arbeitsfläche mit
Puderzucker	bestäuben, die Masse etwa 2 cm dick ausrollen, runde Plätzchen (∅ etwa 3 cm) ausstechen die zurückgelassene Marzipan-Rohmasse dünn ausrollen, kleine Blüten (∅ etwa 4 cm) ausstechen, in der Mitte etwas zusammendrücken, so daß eine halbgeschlossene Blüte entsteht, etwas antrocknen lassen
100 g Halbbitter-Kuvertüre	kleinschneiden, mit
etwas Kokosfett	in einem kleinen Topf im Wasserbad bei schwacher Hitze geschmeidig rühren die Marzipanplätzchen ganz in die Kuvertüre tauchen, mit einer schmalzinkigen Gabel herausholen, die Kuvertüre am Gefäßrand abstreifen, die Plätzchen auf Pergamentpapier setzen
2 EL gesiebten Puderzucker	mit
1 EL Orangenlikör	
etwas Orangensaft	zu einer dickflüssigen Masse verrühren, die Marzipanblüten damit bestreichen, in jede Blütenmitte eines von
30 Orangeatstückchen	setzen, jeweils eine Blüte auf eine mit Kuvertüre überzogene Marzipanpraline setzen.

Konfekt

Mokkatrüffel

6 cl (4 EL) Kaffeelikör	mit
3 TL Espressopulver	
100 ml Schlagsahne	erhitzen, aber nicht kochen lassen, von der Kochstelle nehmen
50 g Butter	
50 g Kokosfett	darin schmelzen lassen
300 g Vollmilch-Kuvertüre	in einem kleinen Topf im Wasserbad bei schwacher Hitze geschmeidig rühren, mit einem Schneebesen unter die Kaffeemasse rühren
	die Masse in eine mit Klarsichtfolie ausgelegte Metall- oder Glasform gießen, kalt stellen
	die Masse mit einem in heißes Wasser getauchten Messer in Rechtecke (etwa 3 x 1,5 cm) schneiden.
	Für die Glasur
500 g Vollmilch-Kuvertüre	in einem kleinen Topf im Wasserbad bei schwacher Hitze geschmeidig rühren
	die Rechtecke einzeln (am besten mit einer Pralinen-gabel) in die geschmolzene Vollmilch-Kuvertüre tauchen, trocknen lassen
50 g Halbbitter-Kuvertüre	schmelzen lassen, in ein Pergamenttütchen füllen, die Trüffel damit verzieren.
Tip	Das Verzieren läßt sich gut durchführen, wenn Sie für die Spritztüten aus kleinen Pergamentpapier-Drei-ecken kleine Tüten formen. Geben Sie dann einige Kuvertürestückchen hinein, legen Sie die Tüte auf den Rost in den vorgeheizten Backofen (etwa 100 °C) und lassen Sie die Kuvertüre schmelzen. Schneiden Sie nun die Spitze ab und verzieren Sie die Pralinen.

Ratgeber

Kaum zu glauben, daß die Adventszeit – der Inbegriff der süßen Genüsse – bis ins 18. Jahrhundert als Fastenzeit galt. Von dieser kargen Sitte ist heutzutage glücklicherweise so gut wie nichts übrig geblieben. Allenfalls Lebkuchen haben entfernte Ähnlichkeit mit dem damals üblichen Fastenbrot.

Heute besitzen wir einen riesigen Schatz an Weihnachtsrezepten, der von traditionellen bis hin zu neuen ideenreichen Rezepten reicht. Damit Sie sich einmal quer durchknabbern können, haben wir hier das nötige „Weihnachts-Know-How" für Sie zusamengestellt.

Wichtiges Backzubehör

Nicht wegzudenken sind **Küchenwaage** und **Meßbecher**, denn nur durch genaue Mengeneinhaltung können die Rezepte richtig nachvollzogen werden.

Rührschüsseln sind ebenso unentbehrlich. Damit sie beim Rühren nicht verrutschen, stellt man sie am besten auf ein feuchtes Küchentuch. Cromarganschüsseln sind wegen der guten Wärmeleitung optimal fürs Wasserbad, z.B. zum Auflösen oder Temperieren von Kuvertüre.

Weiterhin:
Schüttelsieb für Mehl und Backpulver, Kakao oder Puderzucker;

Teigschaber zum Umfüllen des Teiges oder zum Einfüllen in Backformen;

Backpinsel zum Ausfetten von Backformen, Bestreichen von Gebäck, Auftragen von Glasuren;

Rührlöffel zum Rühren verschiedener Zutaten (besonders günstig mit durchlochtem Blatt);

Teigrädchen zum Ausschneiden von ausgerollten Teigen, die gleichzeitig einen dekorativ gezackten Rand erhalten;

Schneebesen (in unterschiedlichen Größen) zum Schlagen von Sahne, Eiern oder Creme; zum Unterheben lockerer, empfindlicher Massen;

Mandel- oder Nußmühle mit verschiedenen Einsätzen;

Reibe für Zitronen-, Orangenschale oder Schokolade;

Spritzbeutel mit verschiedenen Tüllen zum Verzieren von Gebäck oder zum Spritzen von Teigen. Für zarte, kleine Verzierungen eignet sich eine aus Pergamentpapier selbstgebastelte Tüte am besten, da man die Öffnung sehr klein halten kann. Dafür aus Pergamentpapier-Dreiecken kleine Tüten formen, Guß oder Kuvertüre einfüllen und Papierspitze abschneiden.

Teigrolle oder **Nudel- oder Wellholz;**

Backpapier, damit sich Gebäck leichter lösen läßt.

Kurzzeitwecker helfen die Backzeiten exakt einzuhalten;

Kuchengitter, damit das Gebäck fachgerecht auskühlen kann. Auf Kuchenplatten beginnt das Gebäck an der Unterseite zu schwitzen und wird feucht; auch gut für in Kuvertüre getauchtes Konfekt. Abgetropfte Kuvertüre kann wieder verwendet werden.

Backoblaten
Hauchdünnes Dauergebäck (rund oder viereckig) aus Mehl oder Speisestärke (ohne Backtriebmittel) hergestellt. Oblaten dienen als Unterlage, z.B. für Makronen und Lebkuchen.

Bittermandeln
Steinfrucht des Bittermandelbaumes; schmeckt bitter und enthält Blausäure. Nur in kleinsten Mengen als geschmacksgebende Zutat verwenden.

Bourbon Vanille-Zucker
Echter Vanillezucker mit mindestens 5% echter Vanille; an den schwarzen Punkten erkennbar.

Wichtige Backzutaten

Backaroma
Auszug aus verschiedenen Grundsubstanzen in Öl zum Aromatisieren des Gebäcks. In Fläschchen oder Beuteln gibt es die Geschmacksrichtungen Arrak, Bittermandel, Butter-Vanille, Rum, Zimt und Zitrone.

Backpulver
Teiglockerungsmittel aus Natriumbicarbonat, einem Säureträger und einem Trennmittel. Im Teig entwickelt sich beim Backen Kohlensäure, die aus dem Teig entweicht und ihn lockert.

Backhefe
Biologisches Triebmittel zur Teiglockerung. Als Frisch- und Trockenhefe im Handel. Trocken-Backhefe hält sich mehrere Monate bis zu einem Jahr, Frischhefe dagegen nur wenige Tage.

Farin-Zucker
Gelb- bis dunkelbrauner Zucker aus Zuckerablaufsirup, z. B. für Lebkuchen oder Honig.

Gelatine
Als Geliermittel beim Backen, z.B. für Creme-, Sahne- oder Geleefüllungen.

Hagelzucker
Grob kristallisierter Zucker zum Bestreuen von Gebäck.

Ingwer

Gewürz aus dem Wurzelstock der Ingwerpflanze. Frisch, gemahlen, getrocknet, eingelegt in Sirup oder kandiert im Angebot. Stark würziger, leicht brennender Geschmack.

Kardamom

Getrocknete Kapselfrucht der einjährigen Kardamompflanze. Ganz oder gemahlen im Angebot. Leicht brennender, würziger Geschmack.

Kokosraspel

Geraspeltes Fruchtfleisch der Kokosnüsse. Begrenzt lagerfähig, da ungeschwefelt im Handel erhältlich.

Korinthen

Grundsätzlich ungeschwefelte, getrocknete rötlich bis violett-schwarze, kernlose Beeren einer Abart der Weinrebe. Fruchtgeschmack und Aroma sind intensiver als bei Rosinen.

Kuvertüre

Schokoladen-Überzugsmasse mit unterschiedlichen Geschmacksnuancen. Hergestellt zum Überziehen von Gebäck, auch als Zusatz für Teige, Füllungen oder Cremes geeignet.

Mandeln

Steinfrucht des Mandelbaumes. Im Handel geschält oder ungeschält, im ganzen, gehackt, gehobelt oder gestiftelt erhältlich.

Marzipan-Rohmasse

Vorwiegend aus süßen Mandeln und Zucker hergestellt. Geeignet für Füllungen, Teige, Konfekt oder Garnituren.

Mohn

Ölhaltige Samen der Mohnpflanze; Verwendung z.B. für Füllungen oder als Teigzusatz (ganz oder gemahlen).

Muskatnuß

Frucht des immergrünen Muskatbaumes. Intensiver würziger Geschmack. Sparsam dosieren. Wird ganz oder gemahlen angeboten.

Nelken

Kurz vor dem Aufblühen geerntete dunkelbraune Blütenknospen des Gewürznelkenbaumes. Getrocknet, ganz oder gemahlen im Handel. Intensives Aroma mit kräftigem, leicht brennend-scharfem Geschmack. Sehr sparsam dosieren.

Orangeat

Kandierte Fruchtschale der Pomeranze. Im Handel meist gewürfelt, aber auch in halben Schalen angeboten. Wird als Teigzusatz und zum Verzieren verwendet.

Piment

Gewürz aus den getrockneten Beeren des Nelkenpfefferbaumes. Im Handel gemahlen erhältlich. Wird für Honiggebäck und Gewürzkuchen verwendet.

Ratgeber

Pistazien
Schalenfrucht des Pistazienbaumes oder -strauches mit hellgrüner Farbe. Im Handel meist schon entkernt erhältlich. Für Füllungen, Teige und Garnituren. Relativ teuer. Wird nur in kleinen Mengen verwendet.

Rosenwasser
Nebenprodukt (Kondensat) bei der Gewinnung von Rosenöl. Beliebt zum Aromatisieren von Marzipan und Teigen.

Rosinen (Sultaninen)
Im Ursprungsland luftgetrocknete, helle oder dunkle, kernlose Beeren verschiedener Weinreben. Geschwefelt oder ungeschwefelt im Handel, z. B. für Teige, Füllungen oder Garnituren.

Safran
Getrocknete Blütenstempel einer Krokuspflanze des Mittelmeerraumes. Stark färbend. Aromatischer, leicht bitterer Geschmack, sparsam dosieren.

Sternanis

Samenhülse des in Südchina beheimateten Würzbaumes. Im Geschmack ähnlich dem Anis. Beliebt für die Weihnachtsbäckerei, aber auch für Brot und Süßspeisen. Das Aroma verflüchtigt sich gemahlen sehr schnell, deshalb erst kurz vor Gebrauch und in geringen Mengen einkaufen.

Vanille

Fermentierte Kapselfrucht einer im tropischen Amerika beheimateten Kletterorchidee. Verwendet wird das ausgekratzte Mark der Schote oder die ganze kleingeschnittene und vermahlene Schote.
Ausgekratzte Schoten in Zucker legen und in einem (verschlossenen) Gefäß durchziehen lassen.

Vanillin-Zucker
Eine Mischung aus Zucker und Vanillin. Es ist im Handel in Päckchen abgepackt erhältlich.

Zimt
Getrocknete Innenrinde des Zimtbaumes. Für die Herstellung von Gebäck ist der würzig, milde Ceylon-Zimt dem stark würzigen Kassia-Zimt (China) vorzuziehen.

Zitronat (Sukkade)
Kandierte Fruchtschale der Zitronat-Zitrone. Im Handel meist gewürfelt angeboten, aber auch als halbe Schalen. Wird als Teigzusatz und zum Garnieren verwendet.

Grundsätzlich ist für jede Teigzubereitung wichtig, daß alle Backzutaten frisch und einwandfrei sind. Zu lange gelagerte, minderwertige Zutaten können das ganze Gebäck verderben.

Ratgeber

Backtips

Mandeln abziehen
Mandeln werden meist abgezogen verwendet. Dafür die Mandeln zunächst in kochendes Wasser geben, kurz aufkochen lassen. In ein Sieb geben, mit kaltem Wasser abspülen. Die Mandeln aus den Häutchen drücken. Anschließend die Mandeln hacken, mahlen oder hobeln.

Nüsse schälen
Nüsse auf ein trockenes, sauberes Backblech legen, im Backofen bei etwa 130 °C so lange erhitzen, bis sich die braunen Häutchen abreiben lassen. Die heißen Nüsse in ein sauberes Küchentuch geben und die Häutchen mit Kreisbewegungen abreiben.

Nüsse und Mandeln rösten
Ganze, gehackte oder gemahlene Nüsse oder Mandeln unter ständigem Rühren ohne Fettzugabe in einer Pfanne rösten. Sie bekommen ein intensiveres Aroma. Nüsse oder Mandeln abkühlen lassen, dann weiterverarbeiten.

Schokolade reiben oder raspeln
Soll Schokolade gerieben oder geraspelt werden, diese vorher in den Kühlschrank legen. Gut gekühlt läßt sie sich besser reiben.

Kuvertüre temperieren
Kuvertüre im Wasserbad langsam schmelzen, abkühlen lassen und nochmals vorsichtig erwärmen. So erhalten die Oberflächen von Gebäcken einen schönen Glanz.

Backformen vorbereiten
Backformen mit weicher Margarine oder Butter (nicht mit Öl) gleichmäßig einfetten. Kastenformen evtl. mit Weizenmehl, Semmelbröseln, Kokosflocken, gemahlenen Nüssen oder Mandeln ausstreuen. Überschüssiges Mehl oder Semmelbrösel durch Klopfen auf die Form und Umdrehen abstoßen.

Backformen in den Ofen schieben
Gefüllte Backformen zum Backen immer auf den Rost und nicht auf den Backofenboden stellen. Das Gebäck würde viel zu dunkel werden. Bei der Einschubhöhe die Anweisungen des Herstellers beachten.

Mehrere Partien Plätzchen backen
Ist nur ein Backblech vorhanden, soll jedoch eine größere Anzahl Plätzchen gebacken werden, kann man sich folgendermaßen behelfen: mehrere Backpapierstücke in der Größe des Backblechs zuschneiden. Die Bögen mit den ausgestochenen oder geformten Plätzchen belegen. Die belegten Papierbögen an der flachen Seite auf das Backblech ziehen. Das Gebäck kann so nicht verrutschen und kann nacheinander gebacken werden.

Gebäck auskühlen lassen
Gebäck zuerst auf einem Kuchengitter auskühlen lassen, damit der Boden nicht feucht wird. Erst danach auf die Kuchenplatte setzen. Wenn das Gebäck auf Backpapier gebacken wurde, dieses sofort nach dem Backen flach abziehen. So kühlt das Gebäck schneller aus.

Garprobe

Plätzchen sind gar, wenn die Oberfläche gelblich bis goldbraun ist. Um zu prüfen, ob Kuchen schon gar sind, nimmt man ein Holzstäbchen und steckt es an der tiefsten Stelle in den Kuchen. Ist das Hölzchen trocken und haftet kein Teig mehr daran, ist der Kuchen gar. Biskuitplatten sind gar, wenn bei Fingerdruck keine Druckstelle auf der Oberfläche zurückbleibt.

Mehl gegen Vollkornmehl austauschen

Wird Vollkornmehl verwendet, quillt der Teig durch den hohen Kleianteil und die Konsistenz des Teiges wird zu fest. Dementsprechend muß die Flüssigkeitsmenge erhöht werden.

Backpulvermengen bei Vollkornteigen

Wenn mit Vollkornmehl gebacken wird, sollte etwas mehr Backpulver verwendet werden. Wegen des Kleieanteils ist der Teig schwerer und geht nicht so leicht auf.

Honig und Ahornsirup anstatt Zucker

Zucker kann nicht ohne weiteres gegen Ahornsirup oder Honig ausgetauscht werden. Die Süßkraft von Honig und Ahornsirup ist etwas geringer als die von Zucker. Außerdem werden die Teige zu weich, so daß noch etwas Mehl zugefügt werden muß.

Zitronenschale abreiben

Zum Abreiben der Zitronenschale einen Streifen Pergamentpapier über die Reibe legen, nur das Gelbe der Schale abreiben, das Weiße ist bitter. Die Zitronenschale mit einem Messer abkratzen.

Garnieren und Verzieren

Zuckerglasur

200 g Puderzucker, evtl. mit etwas Kakao oder Instant-Kaffeepulver vermischt, mit etwa drei Eßlöffeln Flüssigkeit, z.b. Wasser, Zitronensaft, Fruchtsaft, Malventee oder Likör verrühren.

Eiweißglasur

200 g Puderzucker, evtl. mit etwas Kakao oder Instant-Kaffeepulver vermischt, mit 1 Eiweiß verrühren. Die Glasur nach Belieben mit Lebensmittelfarbe einfärben. Eiweißglasuren eignen sich besonders gut zum Spritzen. Den Guß dafür in Pergamentpapiertütchen füllen und damit Plätzchen, Kuchen und Torten beliebig verzieren.

Plätzchen verzieren

Die Plätzchen vor dem Verzieren auskühlen lassen. Die Plätzchen können mit einer Zucker- oder Eiweißglasur bestrichen werden.
Die Glasur kann mit Lebensmittelfarbe beliebig eingefärbt werden. Die Plätzchen damit bestreichen, nach Belieben mit Schokoladentröpfchen, Schokoborke, Schokoladenstreuseln, Liebesperlen oder Baisersternen verzieren.

Dekorationen aus Marzipan-Rohmasse

Für die Zubereitung von Dekorationen aus Marzipan-Rohmasse zwei Teile Rohmasse mit einem Teil Puderzucker verkneten (d.h. 100 g Marzipan-Rohmasse mit 50 g Puderzucker). Die Masse läßt sich so leichter verarbeiten und bricht oder reißt nicht.

Gebäck aufbewahren

Damit Sie auch möglichst die ganze Adventszeit hindurch etwas von den Plätzchen haben, sollten Sie überlegen, wann Sie was backen wollen:

- **Lebkuchengebäck**, z.B. Thorner Kathrinchen, brauchen viel Zeit zum Durchziehen. Am besten zu Beginn der Adventszeit backen. Mit einem Stück Apfel, der Feuchtigkeit an das Gebäck abgibt, in eine Dose schichten. Deckel nur lose auflegen.

- **Butter- und Knetteigplätzchen** etwa 2 Wochen vor dem Vernaschen backen. Knuspriges Gebäck wie Vanillekipferl immer in einer fest schließenden Dose aufbewahren, damit es keine Feuchtigkeit aus der Luft aufnimmt.

- **Marzipangebäck und Gebäck mit Konfitüre** etwa 1–2 Wochen vor dem Fest backen. Marzipangebäck hält sich ebenfalls mit einem Stück Apfel oder Brot, die die Feuchtigkeit erhalten, in einer Dose mit leicht aufgelegtem Deckel am besten.

- **Makronengebäck** schmeckt ganz frisch am leckersten. Sie dürfen nicht zu stark ausgebacken werden, sondern müssen sich noch weich anfühlen. Beim Auskühlen auf dem Kuchenrost trocknen sie nach. Die Knusprigkeit erhält sich kurzfristig in fest verschlossenen Dosen.

- **Stollen** sollte nach dem völligen Erkalten auf dem Kuchenrost in Alufolie gewickelt werden. Wenn er kühl und trocken gelagert wird, bleibt er bis zu 4 Wochen frisch und das Aroma der Früchte und Gewürze zieht durch das ganze Gebäck.

Da in den meisten Haushalten gar nicht so viele Dosen zum Aufbewahren der Plätzchenflut vorhanden sind, können auch mehrere Plätzchensorten in einer Dose aufbewahrt werden. Die einzelnen Schichten werden dabei durch Alufolie oder Pergamentpapier voneinander getrennt. Stark gewürzte Plätzchen, wie Ingwerbrot, sollten jedoch gesondert verpackt werden.

Einfrieren von Gebäck

Gebäck – wenn möglich – portionsweise verpacken. Einmal aufgetautes Gebäck sollte nicht noch einmal eingefroren werden. Prinzipiell eignet sich jedes Gebäck gut zum Einfrieren, allerdings sollte noch keine Puderzuckerglasur aufgetragen worden sein. Eiweißgebäcke wie Makronen oder Baiser sind zum Einfrieren ungeeignet. Alle trockenen Gebäcke können im Backofen aufgetaut werden.

Bei festlichen, mit Creme oder Schlagsahne verzierten Torten empfiehlt es sich, sie zunächst ohne Verpackung einzufrieren, um die Verzierung nicht zu beschädigen. Länger als 3 bis maximal 6 Monate sollte das Gebäck allerdings nicht gelagert werden.

Register

Plätzchen

Figürliches Backen und Kleingebäck

Kuchen und Torten

Register

Konfekt

Ratgeber

Register

126

Register

Umwelthinweis Die Einschrumpffolie – zum Schutz vor Ver-
schmutzung – ist aus umweltfreundlicher und
recyclingfähiger PE-Folie.

**Wir danken für die
freundliche Unterstützung** Ketchum Public Relations GmbH, München

Copyright © 1993 Ceres Verlag
Rudolf August Oetker KG, Bielefeld

Redaktion Eva Müller

Fotos
Titelfoto Brigitte Wegner, Bielefeld
Foodstyling Eike Upmeier-Lorenz, Herford

Kapitel-Doppelseiten Brigitte Wegner, Bielefeld
Foodstyling Claudia Glünz-Wunder, Nordhorn

Innenfotos Foto-Studio Büttner, Bielefeld
Christiane Pries, Borgholzhausen
Studio Toelle, Bielefeld
Brigitte Wegner, Bielefeld
Arnold Zabert, Hamburg

**Rezeptentwicklung
und -text** Versuchsküche Dr. August Oetker, Bielefeld

Satz adrupa, Paderborn
Reproduktionen SvD, Giesow GmbH, Bielefeld
Herstellung Neue Stalling, Oldenburg

Nachdruck, auch auszugsweise, nur mit unserer
ausdrücklichen Genehmigung und mit Quellen-
angabe gestattet.

ISBN 3-7670-0309-0